青春文庫

すぐに試したくなる
世界の裏ワザ200 集めました！

知的生活追跡班［編］

青春出版社

はじめに——世界の裏ワザは、知恵とアイデアにあふれている！

日頃から面倒だと思っていたことや、これはちょっと大変そうだな、と感じていたことが、意外にカンタンにできてしまう——そんな裏ワザが世界にはごまんとある。

例えば、パスタのゆで時間を1/5以下に短縮するイタリアの裏ワザは、忙しい日本人こそ知っておきたい知恵だろう。あるいは、頭痛をやわらげるベトナム流のマッサージ法もイザという時のために覚えておきたい。空港の到着ロビーで預けた荷物をいち早く受け取るコツは、海外旅行通でも知らない裏ワザだったりするし、新幹線の自由席の座席を高確率でゲットする裏ワザを知っていれば、指定席との差額でお弁当代が浮いてしまう。

そんな日本も含めた世界中の裏ワザを集めに集めたのが本書。あなたの毎日をラクラクに変えるお得な情報を、ここに惜しみなく紹介する。

２０１７年12月

知的生活追跡班

すぐに試したくなる　世界の裏ワザ200集めました！　目次

1章　世界中から集めた！超便利な裏ワザ19

2章 知っててよかった！「困った」を解決する裏ワザ24

3章 つい試したくなる！ 食と料理の裏ワザ37

4章 これは助かる！ とっさの裏ワザ28

5章 他人に内緒にしておきたい！得する裏ワザ21

6章　心も体も元気になる！　健康の裏ワザ24

7章　今日から実践！　生活まわりの裏ワザ47

※1　２０１７年10月取材時から、文中にある条件、事情が変化する場合があるため、裏ワザをお試しになる前に、料金・価格、規約・規制、有効期限その他、条件の変更など、よくご確認の上、お試しください。

※2　裏ワザの効果や成果には個人差や環境、国柄等によって差があります。とくに健康に関するものや、衣服・家財道具・アクセサリー等の貴重なもの、火気・熱源等を利用するものなどに関しては、十分にご留意ください。

※3　各国の裏ワザは、その国の一部、あるいはかつて行われていたものも含みます。

編集協力／アトミックフリー
本文ＤＴＰ／エヌケイクルー
章扉写真／Novi Elysa/Shutterstock.com

1章

世界中から集めた！
超便利な裏ワザ19

1 ドイツ流・安いステーキ肉を柔らかい肉に変える法

ヨーロッパには、安い肉を上等の肉に変身させる裏ワザがいくつかある。せっかくの肉、よりおいしく食べたいというのはだれしも同じ。

さすがは「ビール王国」と感心する、ドイツの発想がこれ。安い肉でもビールをかけるだけで柔らかくなるという。その方法は、包丁でところどころ筋を切ってビールに1時間ほど浸すだけと至ってシンプルだ。

また、欧米各地では、焼く少し前にフルーツとともに浸けておくという方法もある。例えば、刻んだキウイとともに浸けておくと、箸で切れるくらい柔らかくなるという。これはキウイに「タンパク質分解酵素」が含まれているため。

パイナップルをステーキの付け合わせにしたり、酢豚に入れるのもこの効果を見込んでのこと。それ以外にも、パパイヤ、マンゴー、メロンにもこの分解酵素が含まれている。

フルーツ以外でも、マイタケにも同様の作用がある。マイタケの場合、肉にマイタケを全体にかぶるくらいに乗せてラップで包み、冷蔵庫に入れておく。２時間ほどおいて焼けばＯＫ。肉が柔らかくなるのだ。

2 パスタのゆで時間を1/5に短縮するイタリアの秘密ワザ

イタリアなどの本場では朝早くからパスタを大量に作ることもあるのだろう。大家族のためにパスタを早ゆでする裏ワザがある。

方法は、いたって簡単。パスタを丸ごと一晩、水に浸しておくと、５～７分くらいのゆで時間のパスタでも、約１分間でゆであがる。もちろん、パスタの種類、メーカー、太さなどでゆで時間は異なるので、いろいろ試行錯誤が必要だ。

パスタをゆでる時に吹きこぼれにくくする裏ワザもある。沸騰したお湯にサラダ油を一滴垂らすのだ。お湯の表面に油の膜ができるので吹きこぼれにくくなり、パスタもくっつきにくくなってゆでやすい。

おまけに、残ったパスタをおいしく保存する裏ワザも紹介しておこう。

ゆでたパスタが中途半端に残ったら、パスタ同士がくっつかないようにサラダ油をまぶして混ぜ、パスタ2、3人前に対して日本酒小さじ1程度を振りかける。さらに軽く混ぜたら、冷蔵庫で保存する。

これで、翌日になってもアルデンテの感じのままでいただける。

3 空港の到着ロビーで荷物をいち早く受け取るコツ

空港の到着ロビーで、自分の荷物がなかなか流れてこない時のイライラは二度と味わいたくない、という方は、一度お試しを。荷物が早く出てくるかもしれない裏ワザがある。

空港で搭乗手続きをする時に、「到着した空港で次の移動がギリギリなので、『ドアサイド』にしてほしい」と言うのだ。すると、「DOOR　SIDE」というタグを付けてくれて、目的地に到着後、最初に荷物が出てくるという仕組み。これで荷物を早く受け取れる可能性が高くなる。

ただし、いわゆる「LCC」など航空会社も多様化しており、このサービスをやってくれないケースもあるので、事前に確認を。

4 不安な心を落ち着けるアイルランドの知恵

いつ来るのかわからない電話連絡を待っている時など、どうしてもイライラして落ち着かないことがあるだろう。仕事にも身が入らず、気分転換に本を読もうとしても、どこか落ち着かず、精神衛生によくないことこの上ない。

そんな時の裏ワザ。なんでもいいので、ふわふわの毛皮のようなものを手に持つ。

イギリスの動物行動学者デズモンド・モリスの実験では、チンパンジーの赤ちゃんにストレスを与える音を聞かせて、不安を感じさせると、赤ちゃんは必ず檻《おり》の中の毛皮に抱きついた。それによって落ち着くのだ。

人間の子どもも、慣れ親しんだ「毛布」がないと寝つけないことがある。その場合、その毛布は「旅行」にも持って行かねばならないということにも。あるいはテディベアのような、決まったぬいぐるみがそばにないと落ち着かないし、寝つけないというケースも多い。

ちなみにアイルランドでは、子どもを落ち着かせるために、親は野ウサギの尻尾の毛皮をポケットに持たせるという。子どもが一人でいて、なにかで不安を感じたりした時、ポケットに手を入れれば尻尾の感触で落ち着くのだそうだ。

5 バラの切り花が下を向いた時の裏ワザ

バラなどの切り花を挿《さ》して、3、4日くらい経って元気がなくなり、下を向いてきた時に使えるヨーロッパの裏ワザがある。茎の先端を少し切って、容器に入れた熱湯に、茎先を少し浸けると花がよみがえるのだ。

熱湯に浸けるのは、茎の先端1センチくらいを15秒程度だけ。この時、花びらや葉っぱに熱湯の湯気が当たらないように注意する。花びら、葉っぱがよけいにしおれてしまう。

熱湯から出したら、すぐに水に浸ける。そして、水の中で熱湯に浸した茎の先端部分を切り落とす。

あとは水が入った花瓶に生ければOK。熱湯が茎の中の道管に溜まっていた空気を追い出して、水吸いがよくなるのだ。

6 ストロー1本で花を長持ちさせる方法

前項で、バラの切り花に熱を加えるワザを紹介したが、こちらは、もっと「強制的」に長持ちさせるワザ。

ストローを縦に切って、花の茎を包み込むようにするのだ。要するに、ストローのカバーをつける感じ。同じ切り花でも、数日は長持ちするはず。

このワザのポイントは、茎の上のほう、花に近い部分までしっかりストローでカバーすること。花の茎に葉っぱがあまりついていない、チューリップのような花に最適だ。

この仕組みは、花がしおれてくると、花の重みで茎が曲がって、水を吸いにくくなるが、ストローのカバーでそれを防ぐことによる。茎が真っすぐになっていれば水が届きやすい、という理屈だ。

毎日、水を換えてあげることは忘れずに。

7 窓ガラスや鏡をピカピカにするヨーロッパの秘密兵器

鏡に薄くこびりついた汚れは、なかなか落ちない。毎朝見るたびに、憂うつになる。そこでこの裏ワザを試してみたい。

タマネギを真横に半分に切って、それでこすると、窓ガラスや鏡のガンコな汚れも落ちるというのが、ヨーロッパ版「おばあちゃんの知恵」。タマネギの断面が汚れてきたら、さらに薄くスライスして断面を新しくすればＯＫ。

欧州の中でもドイツでは、生のジャガイモを半分に切ってこするという。さすがは「ジャーマンポテト」の国、というべきか。

ジャガイモの「サポニン」という成分が汚れと結合して落ちるのだという。タマネギ、ジャガイモのいずれも、仕上げとして濡らしてよく絞ったぞうきんで拭いて、さらに乾拭《からぶ》きで仕上げる。

8 アメリカ人が教える部屋の臭い対策

アメリカ人に限らず、欧米人は、部屋の臭いに敏感だという。来客などがある時には、必ず、「臭い対策」を施す。

アメリカでは、シナモンスティック、オレンジの皮、クローブ（丁字《ちょうじ》）などを水に入れて沸かし、その香りを部屋に満たす。

シナモンパウダーをクッキングシートに散らして加熱するという方法もあるそうだ。シートがなければアルミホイルにシナモンパウダーを乗せてフライパンで煎《い》ってもいいだろう。

ドイツでは、調理をしたあとに残った臭いを消すためには、シンプルに「コーヒーを淹《い》れる」。コーヒーの芳香で部屋の臭いが気にならなくなる、という。極めて単純だが、これも正解かも。

フィリピンでは、オーブンの臭い取りや部屋の臭い対策に、乾燥させたオレンジの皮を焼く、という方法も用いられる。オレンジなどかんきつ類は、臭い対策によく用いられるようだ。

もし試す時には、火気の取り扱いには十分にご注意を。幼児やペットがいるご家庭には、あまりお勧めではないかもしれない。

9 人と会う前に！ニンニクの臭いを消す裏ワザ

大事な打ち合わせの前に、うっかり「ニンニク」の入った料理を食べてしまった、という失敗は、だれにでもあること。

ニンニクの臭いを消すには、牛乳を飲むなどいろいろな方法がいわれている。ドイツでは、「ホットミルクを飲む」という方法が勧められているが、牛乳が手近にない状況もありうる。そこで、簡単な方法がある。

もし、出先であっても、どこの会社でも給湯室に置いてある、お茶の葉を適量分けてもらって「噛む」のだ。濃い緑茶を飲むのも同じ効果がある。

10 くちびるの荒れも、これで一発で潤う

寒くなってくると気になるのが「くちびるの荒れ」。乾燥するためだが、つばで濡らしても、すぐに乾いてしまう。

リップクリームもあまり効果がないと感じた時の裏ワザが、オリーブオイルを使うこと。

オリーブオイルを1日に2、3回、直接くちびるに塗るのだ。オリーブオイルにはビタミンEが含まれ、オイルの保湿性との相乗効果で潤いが得られる。

ラップを使ってパックする方法もある。蒸しタオルなどでくちびるを温めて柔らかくしてからオリーブオイルを塗り、ラップで覆って10分間待つ。

それからラップをはずしたらティッシュなどで拭き取る。オリーブオイルの味や香りが気になるようだったら、ハチミツを少し混ぜると気にならなくなる。

11 新聞紙の束がラクに縛れる、うまいテクニック

古新聞をひもで結んだつもりでも、縛り方が悪くて、運ぶ時にばらけてしまった、という経験をお持ちの方に朗報。

船乗りが用いている「ロープワーク」のワザで結べば、しっかり縛ることができる。

まず、長めのひもを用意。自治体によって、リサイクルのための「ひも」が紙製など可燃性でないとダメ、という場合があるので、そこは各自治体の求めに合わせる。

用意したひもで、床に「大きな輪」を3つ作る状態にする。オリンピックの五輪の上半分のように、一つのひもの輪をクルクルと3つ作り、その輪を左図の要領で一つに重ねる。

要するに「3重の輪」を作るわけだ。その一つになった「3重の輪」の中に新聞紙の束を通して、ひもの両端を引っ張って、ギュッと締めれば、そのまま結ばなく

新聞紙の束がラクに縛れるテクニック

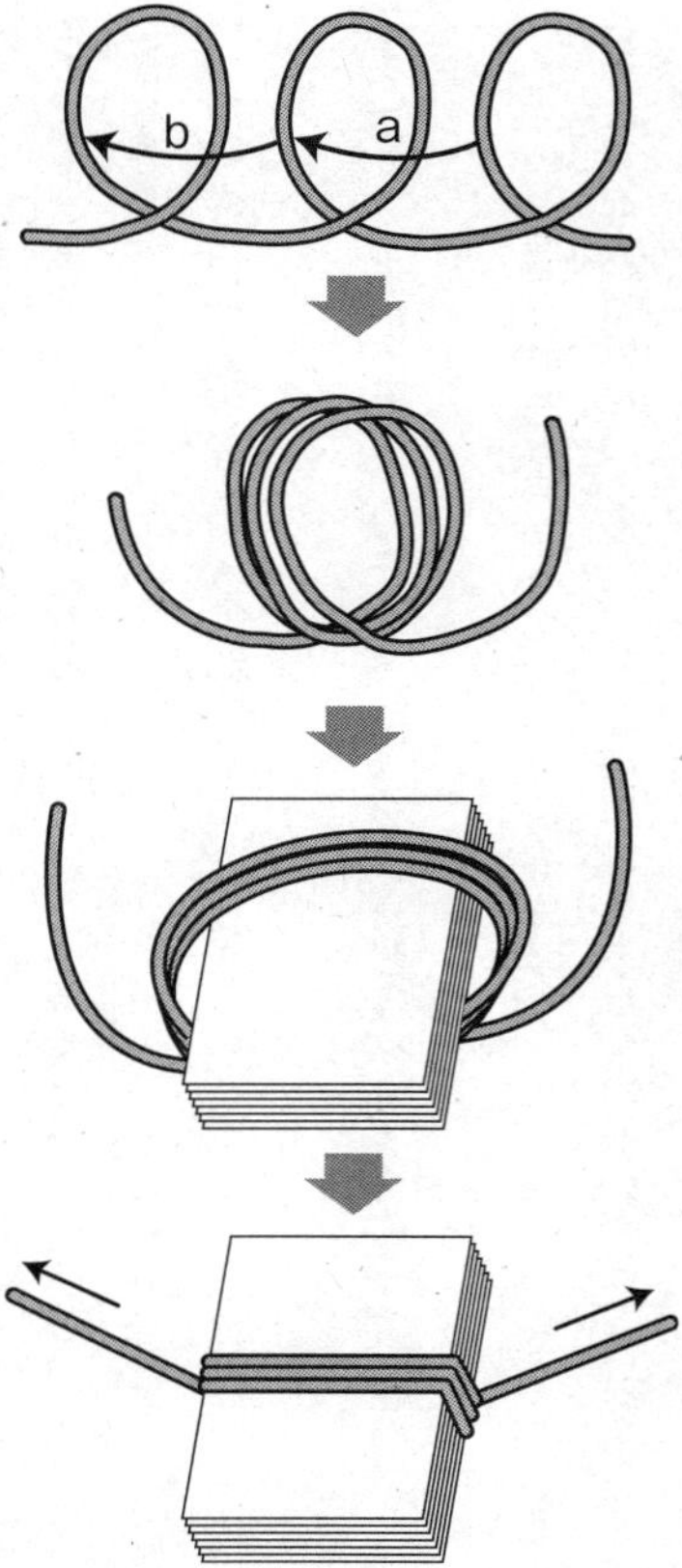

①
長めのひもで
床に輪を３つ作り、
a→b の順で
上に輪を乗せていく

②
輪を１つにまとめる

③
３重の輪の中に
新聞紙を入れる

④
ひもの両端を
ギュッと締める

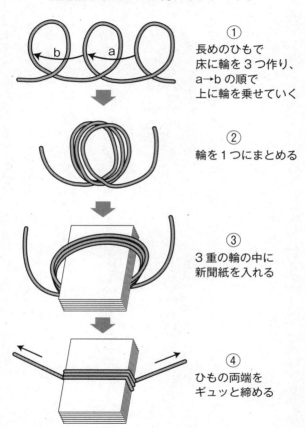

てもいいほどに、新聞がしっかり束ねられる。

ひもが1重や2重ではなく3重になっていれば、ゆるまないようにしっかり縛ることができるのだ。

あとは、ひもの両端を持って引き締めて、結べばできあがり。

12 子どもでも肩もみがうまくできる秘密のアイテム

お父さん、お母さんに親孝行するには、「肩もみ」が一番。昔は、おじいさん、おばあさんに肩もみや肩たたきをして、お小遣いをもらったものだが、いまどきは「核家族」化で、あまり機会がない。

子どもにとっては大きな「収入源」だが、問題は、小さい子どもの力ではコリコリに凝った肩にはなかなか効果が出ないということだ。

そんな時、子どもでも効果的に肩もみをする裏ワザがある。

その秘訣はいたってシンプル。「ゴム手袋」を手にはめてもむのだ。これなら、小学校低学年の子どもでも、ゴム手袋の摩擦力で思いがけないほど力強い肩もみができる。

肩もみをする子どものほうも、さほどの力を入れなくてもうまくもめるのでラクだ。

注意事項としては、肩をもまれる人がシルクなどダメージを受けやすい服を着ている時には、タオルを肩にかけるなどして、服が傷まないようにすること。

13 釘打ちで失敗しない大工さん直伝の㊙ワザ

日曜大工で木工品を自作する、とまでいかなくても、日常で釘をうまく打ちたいシーンはあるもの。例えば、フォトフレームを引っかけるために壁や柱に釘を打ちたいということもある。

これが打つ位置も少し高めだし、なかなか容易ではない。へたをすると自分の指を叩いてしまいそう。

そんな時、大工さん直伝の裏ワザがある。釘を「割り箸」の切れ目に挟んで打つといいのだ。これなら釘の頭という目標が見えやすいし、多少打ち損なっても指をケガする心配がない。
割り箸では厚すぎるくらいの短く小さい釘を打つ時には、厚紙を長さ15センチ、幅2センチくらいの長細いサイズに切って、そこに前もって釘を刺してから打つ。これで思った位置に釘が打ちやすくなる。

14 靴のいや〜な臭いはこれで消える

自分の靴の臭いは時々感じるが、なかなか根本的な解決ができないもの。なぜだろうと考えたら、靴の臭いに気がつくのが、出かける寸前であることが多いからかもしれない。

あれ、かなり臭うな、と気がつくが、外出するので、その場では解決方法まで思い至らない。

靴は、大雨で中まで濡れた時など、とてつもなく臭うようになる。そうなる前に、簡単な臭い対策の裏ワザを駆使したい。

まず、靴を下駄箱に入れる前に乾燥させることが大切。そして、乾燥させながら靴の中に「10円玉」を2、3枚入れる。

これで、10円玉の成分の銅イオンが、臭いの元となる細菌を除菌してくれる。銅には殺菌する機能があるのだ。

あとは、同じ靴を毎日履かないこともポイントだ。

15 写真を撮る時、「赤目」にならないコツ

ストロボ撮影をした時、被写体となった人の目が、不気味に「赤目」になってしまうことがよくある。暗い場所で撮るとそうなりがちで、この現象は人の瞳孔《どうこう》が暗いところで大きく開いているために起こる。

しかし、せっかくの記念のスナップ写真で、みんなが「悪魔」のような赤目になっていると残念。

ストロボの機能で「赤目防止」として撮影の前に事前に光を発するカメラもあるが、そういう機能がない場合は、懐中電灯などで被写体の目を撮影の前に照らしてストロボ撮影すればいい。

もう一つは、「連写する」という方法もある。1枚目で赤目になっても、2枚目以降ではストロボに目が慣れて、ふつうに写る可能性が高くなる。

16 赤ちゃんを笑顔にする思いがけない方法

人の親となると、だれでも写真で記録にとどめておきたいのが赤ちゃんの「笑顔の記録」だ。

しかし、赤ちゃんは実に気まぐれ。笑っているなと思ってカメラを構えると、笑うのをやめてしまうもの。

そんな時は「ストローで鼻先に息を吹きかける」といい。カメラを持つ人は、赤ちゃんの顔にフォーカスしておいて、サポートする人に赤ちゃんの鼻に「フーッ」と1、2秒ぐらいストローで息を吹きかけてもらえば、笑顔の瞬間を写真に収められるのだ。

ただ、これは赤ちゃんはうれしくて笑うわけではなくて、表情が少しこわばるところが笑顔のように見えるだけ。なので、赤ちゃんにとってちょっと迷惑な話かもしれない。

このワザは、すべての赤ちゃんに効果があるというわけではないのであしからず。かえって不機嫌にしてしまうリスクがあることをお断りしておく。

17 元号↕西暦が即座にわかるカンタン換算術

天皇の生前退位で元号が変わるが、キリのいい年次で変われば西暦と元号の計算がしやすい。

というのも、平成も昭和もちょっと計算しにくいところで元号が変わる結果となったから、こんがらがってしまいやすい。西暦２０００年は平成何年のことかわかりにくかったりするからだ。

そんなときに、年次がわかりやすい計算方法の裏ワザ。

これは、覚えてしまえば簡単。平成の年次は、西暦から「88」を引いて、下二桁だけを見ればいい。西暦で２０１８年は、「88」引くと「１９３０」になって、平成30年とわかる。

昭和は「25」を引き、大正は「11」、明治は「67」を西暦から引けば、下二桁で何年かがわかる。終戦の1945年は、25を引くと昭和20年とわかり、関東大震災の年、1923年は、11を引くと大正12年だったとわかる仕組みだ。

これは、元号から逆算することもできる。前回の東京オリンピックが開催されたのは昭和39年のこと。なので、39に「25」を足すと64で、1964年のことだとわかるのだ。

18 革靴をピカピカにしてくれる食材

ミカンの皮の内側の白い部分で靴の汚れを落とし、仕上げに黄色い外側で磨く。どんな色の靴でもOKだ。ただし、革によっては向かないこともあるので、大事な靴の場合は目立たないところでうまくいくかテストすること。

テストしてOKであれば、この裏ワザは、バッグ、ソファーなど革製品であればなんでも使える。

19 人を待たせても怒られないテクニック

ロシアのプーチン大統領も、各国首脳との会談に必ず数時間遅刻することで知られているが、ビジネスの世界でも、約束の時間に「必ず遅刻してくる」という人がいる。外出先での待ち合わせだと、相当迷惑な人だ。

そんな「遅刻魔」の人に朗報。遅れたことをごまかす裏ワザがある。

多少遅刻しても、約束の相手にイライラされにくいようにする方法の一つに、「書店で待ち合わせる」という手がある。

書店の売り場なら、多少遅れてもそこにある本を立ち読みしていてもらえば、遅れたこともさほど気にならなくなる。

ヨーロッパの言葉に、遅刻され、待たされた人の名言がある。

「あなたが遅刻して駅前で待たせてくれたお陰で、いろいろな人の様子を観察することができた。どうもありがとう」というものだ。

言い方と受け取り方によっては皮肉とも取れるが、実際に街角で20分、30分と通りすがりの人々の様子を観察することは、マーケティング的にも大切なことだ。ぜひ、そういう柔軟な視点を持ちたいもの。

ただし、遅刻して迷惑をかけた側が、「待たされて、ためになったでしょう」とは間違っても言ってはいけない。

2章

知っててよかった！
「困った」を解決する裏ワザ24

1 「風邪かな」と思った時に効くスペシャルドリンク

ヨーロッパでは、初期の風邪対策として「ホットワイン」を飲む国が多い。ワインの本場フランスでもそうだが、ドイツでは、「グリューワイン（ヴァイン）」と呼ばれ、赤ワインを温めた上で、シナモン、クローブなどの香辛料、砂糖やハチミツを入れて飲んで風邪を撃退する。

ワインの温かさとスパイスの効果で体が芯から温まるのだ。「グリュー」とは、「燃やす」とか「育てる」という意味で、「燃えるワイン」といったところか。ネーミングもお洒落で、なんとなく効きそうな感じがしないだろうか。

2 インドではホットミルクにこれを入れて風邪撃退

同じ風邪対策でも、インドはさすが「カレー」の本場。カレーに使うスパイスを用いる。牛乳を鍋に入れて温め、ウコン（ターメリック）の粉末を入れるのだ。好みで砂糖、シナモンなどを加えるのはヨーロッパと共通。

インドではウコンが血の巡りをよくするという。風邪を撃退することに加えて、胃の調子を整えたり、血行を促進したりするといわれている。インドの伝統古典医学「アーユルヴェーダ」でも、ウコンが肝臓機能を増進するとされているとか。

ウコンというと、日本ではもっぱらカレー粉に使われている。また、最近ではウコン入り飲料は「二日酔い予防」の目的で売られている。肝機能増進というウコンの効果は、古くからインドでも知られていたわけだ。ただし、摂りすぎは逆に肝臓によくないとされるので、ほどほどにすること。

3 お腹の冷えを防ぐアメリカの意外な飲み物

民間療法というと「非科学的」というイメージがあるが、欧米先進諸国でも、伝統的な民間療法が現在も盛んに行われている。

アメリカでは昔から、冷水にショウガを入れ、ハチミツや酢を加えてジンジャーエールの元祖のようにして飲まれているという。これがお腹の冷えを防ぎ、引き初めの風邪によいとされる。市販のいわゆるジンジャーエールではなく、それぞれの家庭で作るようだ。

日本でもショウガは「ショウガ湯」として軽い風邪の時などに用いられるが、海を隔てていても、ほぼ同じ発想の療法が伝わっているのが面白い。

日本式では、熱い番茶におろしショウガと梅干しを入れるという方法もある。「梅酎ハイ」のように、梅干しをくずして飲むといいようだ。

そのほかにも、世界にはさまざまな風邪対策の裏ワザがある。それらは6章でも紹介する。

4 つらい二日酔い、ロシアではこうスッキリさせる

二日酔い対策の裏ワザには、それぞれ飲まれるお酒も異なるので、お国柄がくっきり出る。

ロシアでは、キャベツの漬け物の「漬け汁」を飲むとよいという。ドイツで「ザワークラウト」と呼ばれ、肉料理の付け合わせとしても非常にポピュラーなキャベツの

漬け物＝発酵食品は、ロシアでも一般に食されているそうだ。

ザワークラウトには乳酸菌が多く含まれていて、「汁」の成分にも含まれる。それが、二日酔いの場合にお腹によいのかもしれない。

ロシアでは、このほか、キュウリのピクルスの漬け汁を飲むという説もある。こちらは、酢漬けの「お酢」そのものなので、そのままではかなり酸っぱそうで、薄めるほうがいいだろう。

日本では、二日酔いにはしじみの味噌汁や梅干しがいいとされる。しじみの成分＝「タウリン」や、梅の持つ整腸作用がむかつく胃をスッキリさせるのだ。飲食店で、お酒の「締め」にしじみの味噌汁を出してくれる店があるが、二日酔いの予防になるのかもしれない。

5 下りのエレベーターで「イヤな感じ」にならない裏ワザ

世界最長のエレベーターは、中国で最も高いビル「上海タワー（地上632メートル）」に取り付けられている日本製のエレベーターで、その長さは578メートルというから圧巻だ（最高速度はなんと時速約74キロメートル！）。

しかし、こういった高層エレベーターは、乗っている時の「感じ」が好きではない、という人がいる。

とくに、下りのエレベーターで「体がフワーッ」となる感じがイヤだという人が時々いる。

そんな時の対策。エレベーターの中で「顔を上げて天井を見る」と違和感が少なくなるというのだ。

エレベーターが下降する時のフワーッとした感じは、頭の中の耳のあたりにある「耳石《じせき》」に重力の影響が加わるために起こる。そこで、「上を見る」と耳石の向きが変わって、イヤな感覚がなくなるという。

上昇する時に違和感がある人にも、この裏ワザは有効のようだ。

6 不快な静電気を防ぐ、このひと工夫

ホテルや自動車のドアノブに触れた時、不意にバチッ！　と静電気が起きること

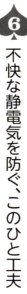

がある。

湿度と気温が下がる冬期にとくに起こりがちだ。体質なのか、静電気が起きやすい人にとっては憂うつのタネ。この不快な静電気を防ぐための防止グッズなども売られているが、身近なものでも静電気対策ができる。

手がドアノブに触れる前に、自分の体とドアノブの間に電気を通してしまえば、バチッとこない。それには、割り箸を手で持ってドアノブなどに当てて放電させると予防できる。そこで、乾燥する季節に外出する際は、割り箸を半分に切って短くしたものをポケットに忍ばせておくのも一つの手だ。

カギやキーホルダーの先端で触れるという方法や、さらには、水分を与えると静電気が放電されやすいので、靴先に水をスプレーするという方法もある。帯電しやすいゴム底の靴を履いているなら、それで体の静電気が抜けるようだ。

服装によっても静電気が起こりやすいものと、そうでもないものがある。化学繊維のセーター（アクリル、ポリエステル）などは静電気が起こりやすいので、気になる方は化繊のニットを避けて、綿製品にするといいだろう。ウールも帯電しやすい。

自分の部屋の中やオフィスでの対策としては、加湿器などで湿度を高く保つと静電気は起こりにくくなる。

7 スカートのまとわりつきを防ぐちょっとしたコツ

静電気などの影響からスカートが足元にまつわりつくのは、女性にとってかなり煩《わずら》わしいもの。特に冬場は歩きにくいし、気になってしまう。そんな「まとわりつき」を手軽に解決する裏ワザがある。

ハンドクリームを両手に塗り込んで、その手で太ももやふくらはぎなど、スカートに触れるあたりを3回ほどさするだけ。

これで、足とスカートの間に水分が保たれて、静電気でまとわりつくことがなくなる。

この裏ワザは、ストッキングの上からでもOKだ。

8 コップに貼り付いて落ちない値札シールのはがし方

コップなどの製品の材質などが表示されているシールは、使う前にはがしたい。濡れるとはがれにくくなることがあるからだ。ところが、強く粘着して、きれいにはがれないことがよくある。

そんな時、いらなくなった使い古しのゴム手袋の指先をカットし、ペットボトル飲料のキャップをその中に入れ、水で濡らして、へばりついて取れにくくなったシールをキャップの下のほうの鋭角な部分でこするといい。

この方法で、家具などに貼りついたシールを取ることも可能だが、家具のほうに傷がつかないように注意が必要。

こすってもこすっても、なかなか取れないようなガンコなシールは、専用の「剥《はく》離《り》剤」に出動してもらうのが無難だ。

9 洋服にチューインガムが付いた時の対処法

うっかりして、または気がつかないうちに、服にチューインガムが付いてしまった時、焦ってこすり取ろうとするとかえって布目に入ってしまい、跡が残る事態になりかねない。

そんな時は、あわてずに、まず現状が悪化しないように気をつけて、ドライアイスを入手することを考えたい。布地の裏側からドライアイスを直接当てて冷やすと、チューインガムはカチカチに固まって、ポロリとはずれるのだ。

ドライアイスは、スーパーなどでアイスや冷凍食品を買うと、たいていの場合は無料でもらえる。たとえ出先でも、アイスを買いさえすれば、ドライアイスをもらって応急処置が可能だ。

ふつうの「氷」では、うまくガムが固まらないのでダメ。二酸化炭素が固体になる「マイナス約78度」のドライアイスだからこそ可能になる、とっておきのワザなのだ。

だまされたと思って、ぜひお試しあれ。ただし、ドライアイスは誤って素手で触ったり、肌に直接触れたりすると低温凍傷を起こすので、取り扱いには十分にご注意いただきたい。

10 手に付いた油性ペンはこうすれば簡単に落ちる

油性ペン、いわゆる「フェルトペン（マジック）」で荷物に字を書いたり、数字をナンバリングしたりしていると、うっかり手についてしまうことがある。

この汚れは、そのまま放っておけばそのうちに薄れて消えるものだが、あまりに目立つところに書いてしまうと、ちょっとみっともない。

そんな油性ペンの汚れを落とす裏ワザがこれ。「水のり」を油性ペンで書いてしまった汚れのあたりにつけて、３分間くらいおき、半乾きにしてこすると、あら不思議、汚れがポロリと落ちる。

これは、水のりや液体のりに含まれている「ポリビニルアルコール」という成分が、のりを乾かすことでアルコールが蒸発し、「ポリビニル」だけが残るため、そこに色素がへばりついて、汚れがはがれるという仕組みだ。

注意点は、皮膚が弱い人には向かない、ということ。皮膚の強さに自信がある方は、ぜひトライしてみたい。

11 手が油でベタベタになった時には、この調味料

洗い物をしたら、油が手についてしまった、サラダ油などの容器を手に持ったら、油でベタベタになった、という時。石けんで洗ってもなかなかスッキリと落ちない。手をサラリとさせたい。

そんな場合は、砂糖を手につけて、油がついたところにもみ込み、水洗いするといい。砂糖には油を吸着する性質があるのだ。

サトイモなどを調理していて手がかゆくなった時には、塩が活躍する。ひとつまみの塩を手に取って、両手にこすりつけて洗えばスッキリ。手についた臭いも取れる。ヤマイモ（ヤマノイモ）のかゆみには酢水がいい。

12 瞬間接着剤が指についても平気になる裏ワザ

強力な瞬間接着剤は、瞬間的に、しかも、なんでもしっかりくっつけてくれるのはいいが、指についてしまうとそれをはがすのが大変。場合によっては、指と指がくっついてしまうことも。

そこで、瞬間接着剤が手についても平気になる裏ワザ。

これは実に簡単。接着剤を使う前に、指先にハンドクリームを塗っておくのだ。こうすることで、指先の細かいところ、指紋の隙間などに接着剤が入り込むのをクリームの油分が防いでくれて、ついた接着剤も簡単にペロリと取れる。

ハンドクリームで手荒れも防げて一石二鳥だ。

13 自転車のサビをきれいに落とすコツ

自転車や三輪車は、屋外に置いてあるといつの間にかサビが目立つようになる。

サビが浮いてくると、布などで磨いてもなかなかきれいにはならない。そういう時の裏ワザ。

木工用ボンドをサビた部分に塗って、半日以上乾かす。そして、乾いたボンドをペロ〜ッっとはがすと、サビが一緒に取れてくるのだ。

ただ、この裏ワザは、塗装された部分には不向き。あくまで銀色の金属メッキ部分に施《ほどこ》すこと。塗装された部分にボンドを塗ると、塗装も一緒にはがれてくる恐れがある。

また、何年も経って、金属の内部まで侵食したサビには効果がないので、そういう場合には、紙ヤスリで磨くなどの力ワザが必要になる。磨いて塗装やメッキがはがれると再びサビやすくなるので、磨いたあとに塗装を施す必要が生じる。

14 蛇口のホースの着脱をラクにしてくれるテク

水道の蛇口にホースをはめようとすると、なかなかはまってくれなかったり、反対にはずそうとしても、きつくてなかなか抜けなかったりする。そんなホースの着脱を容易にする裏ワザがこれ。

ホースの先を1センチ程度、45度くらいの角度で「斜め」に切って蛇口に差し込むと、つけやすく、抜けやすくなる。つけた時には簡単に深くはまるので、水を出しても抜けにくくなる。

抜く時に少し固くて抜けにくいようであれば、ホースを「U字型」に折った状態で片手で押さえ、水を少しずつ出す。すると、水の圧力で簡単にホースが抜ける。

ただし、ホースがはずれる時に、中の水が噴き出すのでご注意。

15 ベランダに来る迷惑なハトを撃退する方法

マンションやアパートのベランダにハトが飛んでくるのは、「フン害」もあるが、朝早く鳴かれたりしてうるさい、という問題もある。できれば自分の部屋のベランダには来てほしくないもの。

よく不要になったCDなどを糸で吊っておくと、光が反射してハトやカラスが撃退できる、というが、これにはハトはじきに慣れてしまって、まったく気にしなくなってしまう。

ホームセンターでは、「巨大な目玉」の絵が描かれているビニール製のボールが売られているが、これにも慣れてしまう。

一つの手が、臭いで撃退する方法だ。ハトはなぜかバラの臭いが嫌いなので、バラの鉢植えを置くと来なくなるという。バラの臭いがする「ポプリ」やバラオイルを容器に入れてベランダに置くという手もある。

16 ビンの蓋が開きにくい時の奥の手

とくに輸入モノの食品のビン詰めは、なぜか蓋がやけに固くて開《あ》けにくいもの。そういう時、給湯にして蛇口からお湯をビンの蓋部分に熱くなりすぎない程度にかける。

たいていの場合、数秒間当てればＯＫのはず。少し湿らせたふきんやタオルなどで蓋を回す。

また、幅の広い輪ゴムを蓋に巻いて開ける方法も、やってみるとさほど苦もなく、ラクラク開くはず。

いったん蓋を開けたら一度に全部使い切るようなビン詰めであれば、缶切りなどで蓋にちょっとだけ空気穴を開けると、内部のガスが抜けるためか、パコッと意外なほど軽く開けられるようになる。

ピクルスのビン詰めなど、あまりにガンコな蓋だったら、いったん蓋に穴を開けてしまって別の容器に移すほうが早い。

17 電気スタンドをもっと明るくさせる秘密アイテム

電気スタンドは、蛍光灯などの灯体が少しくたびれてくると、どことなく暗く感じるようになる。だからといって、灯体を交換するほどでもない、という場合、簡単に明るさを増す方法がある。

かさの内側にアルミ箔を貼り付けるのだ。灯体の光をアルミ箔が反射して、それだけでずいぶん明るく感じるようになる。

もちろん、灯体が古くなって点滅したりするようになる前に、適当なところで交換するほうがいい。電気のロスも、灯体が古くなると、だんだん悪くなってくるはずなのだ。

18 落としたコンタクトレンズを見つける裏ワザ

コンタクトレンズは、最近でこそ「使い捨て」のものが増えているが、ずっと使うタイプの場合は「コンタクト、落とした!」というパニックがよく起こったもの。ハードコンタクトレンズの場合、もし不用意に踏むとパリンと音を立てて割れてしまう。そこで、みんなで床を這うようにして探すことになる。

落ちた場所が室内のカーペットの上だったりすると、透明なコンタクトレンズはなかなか見つからない。

そういう時、手近に掃除機があれば、掃除機のホースの先の吸い込み口を「丸形」にして、その先端に古いストッキングをかぶせるといい。ストッキングをかぶせて、輪ゴムでずれないように止める。

それで落としたあたりを吸引するのだ。うまくすれば、レンズがストッキングに貼り付いて、発見できる。

19 悪質なタクシーに出会った時の対応法

ちょっと飲みすぎてタクシーに乗って、気がついたら、タクシーの乗務員（運転手）が指示したのとは違う道を遠回りしていた、などというトラブルの経験はないだろうか。

もし、違う道のほうが混んでいなさそうだから、と運転手が判断しても、その変更を乗客に承諾を得ないで走ってはいけないのだ。

こういう時、運転手が自分の非を認めずによぶんな料金を請求するようだったら、「タクシーセンター（以前はタクシー近代化センター。首都圏と大阪）」にその場で連絡するといい。このタクシーセンターは、タクシーの運転手にとっては「鬼より怖い」といわれる。

かつて問題になった「乗車拒否」なども、センターが苦情を受け付けてくれた。センターはタクシー運転者の登録事業も行っていて、問題を起こした運転手やタクシー会社に、センターがペナルティーを与えることもある。指導と取り締まりの機能を持っている、怖い存在なのだ。

20 切手が重なって取れなくなった時のはがし方

切手を長期間、重ねて保管しておくと、湿気のせいで重なったまままくっついてしまうことがある。そういう時、無理にはがそうとすると切手の表面がはがれたり、部分的に破れたりする。

こうなると、場合によっては未使用なのに使えない状態になる。

そういう時は、無理せずそのまま切手をビニール袋に入れて、冷蔵庫で半日から1日冷やし、十分に冷たくなったところで取り出して、注意しながら1枚ずつはがす。これで格段にはがしやすくなるはずだ。

21 くっついた写真どうしをはがすテクニック

古いフォト・アルバムを開いてみたら、長い時間経過でのりが乾き、写真がはがれて写真同士がくっついていた、というアクシデントが起こることがある。

写真を無理してはがすと傷むので、写真をぬるま湯にどっぷり浸す方法がお勧め。浸して置いておけば角からだんだんはがれてくるので、頃合いを見てそっとはがし、鏡などの真っ平らなものにのせて、キッチンペーパーなどで水をふきとる。

1枚しかないような貴重な写真は、表面が傷むと取り返しがつかないので、くれぐれも慎重に。けっして焦らず、十分に浸してからはがすのがコツだ。

22 ラップの端っこが行方不明の時には

ラップを使おうとフタを開けてみたら、「端っこ」がどこにあるかわからない、目を凝らしてみても、見つからない。そんな経験、だれでも一度はあるのではないだろうか。

そんな時は、輪ゴムを両手の平に1本ずつ巻いて、ラップを箱から取り出して両手で持ち、ぞうきん絞りのように軽くねじる。

輪ゴムの摩擦力で、消えた端っこがすぐに発見できる。

輪ゴムが手近にない時には、セロテープを2センチくらい切って、取り出したラップの「ここかな」と思えるあたりに指で持ったままテープの端を「軽く貼って、軽くはがす」を繰り返せば、ひと回りする前に端っこが見つかるはず。

23 しけったおかき、せんべいを復活させるコツ

おかき、せんべいがしけてしまった時。あきらめてしけたまま食べても、まったくおいしく感じない。おかきなどの「生命線」は歯ごたえなのだ。

そこで、しけたおかき、せんべいを皿に平たく並べて、電子レンジで1分ほど加熱する。この時、ラップをする必要はない。

ちなみに、おかきやあられ、せんべいは、おかきが「もち米」、せんべいは「う

る ち米」を原料とするというおおまかな分類はあるが、基本的に同じような材料と作り方なので、レンジで湿気を取る時にも分ける必要はない。
町のおせんべい屋さんが店頭でやっているように、コンロの直火で裏返しながらあぶれば、湿気を飛ばすことができるが、レンジのほうが小さい子どもでも安全にできるだろう。

24 髪の毛に付いたタバコの臭いはこう消す

昨今は禁煙の場所が増えて、自分は喫煙しないのにタバコの臭いがついた、という場面もかなり減ってきた。ただ、会議や外出先の打ち合わせなどでスモーカーと数時間一緒にいると、臭いが髪の毛についてしまったりする。

その日、そのまま他の人と会って「タバコ臭い」と思われても困る。そんな時の裏ワザ。

ヘアドライヤーで髪についた臭いを飛ばすようにすると、臭いの成分がドライヤーの熱で分解されて消えていくのだ。

洋服についてしまったタバコ臭も同様にしてドライヤーで飛ばすことができるので、やむを得ずスモーカーと会う日には、仕事場に小型でいいのでドライヤーを用意しておくといいだろう。

髪の毛にタバコ臭がつくことを気にしている同僚女性にこの裏ワザを教えてあげれば、「好感度ポイント」が上がるかもしれない!?

3章

食と料理の裏ワザ37

つい試したくなる！

1 硬くなったチーズを柔らかくする裏ワザ

チーズの食べかけを冷蔵庫に入れっぱなしにしておくと、硬くなってしまうことがある。そんな時は、ドイツではミルクを容器に満たしてそこにチーズを浸しておくという。柔らかさが戻るのだ。ただし、あまりに時間が経って変質し、カチカチになってしまったものはこの手は効かないのでご注意。

チーズが硬くなるのを予防するには、ドイツではサラダオイルを使う。チーズをぴったりの大きさの容器に入れて、サラダオイルをひたひたにかけておくのだ。これで硬くならない。

食べる時には、ペーパータオルなどでオイルを軽く拭くだけでＯＫ。

2 タマネギを刻む時に目が痛くならない方法

タマネギの調理はコックさん泣かせ。人によっては涙が止まらなくて調理できなくなる。そこでタマネギに泣かされない裏ワザ。

タマネギを刻む1時間ほど前に冷蔵庫で冷やしておく。冷やすとタマネギの「辛み成分」＝催涙《さいるい》物質の硫化アリルが気化しにくくなるのだ。

この「辛み成分」は直接目を刺激する、というより、鼻孔《びこう》に入って刺激するほうが影響が大きいようで、両方の鼻にティッシュペーパーを詰めるという方法が有効な場合もある。

また、タマネギを大きめの器や鍋に水を張った中で水にさらしながら切ると、刺激物質が水に溶けるのでこれも効果的。ただし、タマネギのせっかくの栄養分も水に溶け出して「あっさり風味」になるので、野菜サラダにスライス・オニオンとして加える場合などにお勧めの裏ワザだ。

タマネギの成分をムダにしないもう一つの対策としては、できるだけタマネギの細胞を壊さず催涙物質が出てこないように、タマネギの縦の繊維に沿って包丁を入れるという手もある。

これはほかの食材の調理についても言えるが、よく切れる包丁を使うと、やはり細胞が壊れにくいので「涙対策」としてもグッドだ。

3 バナナを傷みにくくするテクニック

バナナは、少し多めに買ってくると、油断していると黒ずんでしまうことがある。これでひるんで捨ててしまう人もいるようだが、実は、バナナは多少、黒ずんでいても、中身には問題ないことが多い。

お腹をくだしやすい人でなければ、実際には食べても平気なのだが、やはり「黄色いバナナ」がいいという方にお勧めなのが、この裏ワザ。

バナナは、表面からエチレンガスが出て、お互いを熟させてしまう。そこでバナナを買ってきたら、1本ずつに分けて買い物袋（スーパーのポリ袋）に1本ずつ入れる。そして、冷蔵庫（冷凍ではない）に入れておくと、エチレンガスが相互に影響しないことで熟成が遅れて、黒くなりにくい。

ポイントは、必ず1本ずつ袋に入れること。2本以上入れたらガスの影響が出てしまうのだ。

冷蔵庫に入れて1週間なら、元のバナナの状態にもよるが、ほぼ黄色いまま保たれるはず。2週間もすると、さすがに黒ずんでくるが、皮をむけば中身は問題ない状態に保たれている。

4 熟れてないキウイを早く完熟させるコツ

キウイは、外見からは熟れているかどうか、かなりわかりにくい。切ってみて初めて中の熟れ具合がわかるが、熟れてないキウイは、酸っぱいだけで甘味や味わいがほとんどない。

この完熟していないキウイをただ置いておくだけでは、なかなか甘みが出ないが、リンゴと一緒に袋に入れておくと早く熟れるのだ。

これは、リンゴの皮からエチレンガスが出るため。

リンゴの果実は、この作用でいろいろ重宝する。

ジャガイモの芽を出にくくするには、リンゴと一緒に袋に入れておくといい。これもリンゴのエチレンガスの影響だ。

5 酸っぱいパイナップルはこれで甘くなる

いただきもののパイナップルを切ってみたら、外見はかなり黄色くなっているのに、まだまったく熟していなくて酸っぱかった、という経験はないだろうか。

こういう時は、パイナップルを「逆さま」にして数日、置いておくと全体が甘くなる。

パイナップルは葉っぱを上にして下から熟していくので、収穫時に葉っぱのほうは熟していなくても、下のほうはそこそこ熟しているのだ。

そこで、葉っぱを下にして「逆さま」に置いておくことで、すでに熟した部分の「甘さ（糖分）」が全体に回るというわけ。

6 硬いレモンでもラクに搾れる技術

レモンの搾り方にもお国柄が出る。ヨーロッパでは「早く搾る」という目的が重視されるようで、ひと手間かける。

その方法は、レモンを搾る前に少し熱湯に入れたり、レンジでほんの数秒、加熱して搾るというもの。

両手で包み込んで温めるだけでも、冷たい状態より、レモンの汁が簡単にたくさん搾れるのだ。

7 レタスを新鮮なまま保存する工夫

レタスは、冷蔵庫にしばらく入れておくと買ってきた時のシャキシャキ感がどうしても失われてしまう。みずみずしさがなくなって、へなへなな感じになる。

そんなレタスの新鮮さを長持ちさせる裏ワザがある。

レタスの芯の切り口に、垂直に「つまようじ」を数本、ググッと刺しておくのだ。

それだけで、レタスは3、4日経ってもシャキシャキのままだ。これは芯にあるレタスの成長点を破壊することで、レタスの成長が止まるからだといわれている。

8 ジャガイモの芽を出にくくする意外な方法

ジャガイモは、スーパーなどで安かったからと大量に買ってくると、置いておくうちに「芽」が出てしまう。この芽には有毒性があるので、芽が出たらちょっと面倒。そこで、ジャガイモの芽が出にくくなる裏ワザ。

先にリンゴと一緒に袋に入れておくと芽が出にくいと紹介したが、もう一つ方法がある。

ジャガイモを、大きめのザルなどに入れて、そのザルをさらにボウルか洗面器などに入れて70℃の熱湯をかけるのだ。ザルに入れるのは、お湯をかけたらすぐにジャガイモを取り出すため。

あまりお湯に長く浸けてしまうと、ゆだってしまう。ゆだたないように表面にだけ熱を加え、サッと取り出して乾かすところがミソ。

こうすると芽の成長する部分にだけ熱が加わり、ほどよく熱が与えられれば1カ月くらいは芽が出なくなる。

注意点は、傷が付いたイモだと、熱湯をかけるとそこから悪くなってしまうので避けることと、熱湯でやけどをしないようにすること。

9 パスタを電子レンジで簡単にゆでる便利ワザ

パスタの料理は簡単にできる、といっても何分間かゆでなければならないので、とくに猛暑の時期には気が進まないもの。そんなパスタを電子レンジで作ることができれば、暑い時期でもラクラクだ。

コンロがほかの調理でふさがっている時にもレンジが便利。

パスタを入れる容器は、電子レンジで使用可能ならプラスチック（耐熱温度140度以上）でも陶器でも、なんでもＯＫ。パスタが長すぎたら半分に折る。そのままパスタが十分に浸るくらいの水を入れて、パスタそれぞれの基準ゆで時間プラス４分（５００ワットのレンジの場合）でできあがる。

細めのものでも、太めのものでも、「プラス４分」で大丈夫だが、お好みで硬さを調整すればいい。

帰宅してシャワーを浴びている間にでも、火をまったく使わないので安心して作ることができる。

10 超スピードで目玉焼きを作る料理テク

朝の忙しい時に、目玉焼きを「超スピード」で作るワザ。

熱したフライパンに油を引いて、タマゴの「黄身と白身」を分けておき、先に「白身」だけを落とす。その上に、分けておいた「黄身」を落とす。

すると、黄身にスピーディーに熱が通り、半熟の目玉焼きなら2分ほどで焼き上がる。

このワザは、味噌汁やラーメンなどにタマゴを落とす時にも使える。白身を「脱いだ」黄身だけに熱を加えれば、黄身は早く固まるのだ。

11

このひと手間で、ゆでタマゴのカラがツルンとむける

ゆでタマゴは、急いでいる時に手軽に食べられる「非常食」にもなる。翌朝に時間がないとわかっている時などに、前もって作って冷蔵庫に用意しておくと便利極まりない。

カラをむくのが面倒な人には、こんな裏ワザ。ゆでる前に、底の丸いほうに小さな穴を画びょうなどであけておくと、カラがむきやすくなるのだ。もちろん、一晩であれば前もってカラをむいて冷蔵すればいい。

ゆでタマゴの裏ワザをもう一つ。ゆでている時にタマゴのカラにヒビが入ると白身が漏れて困ることがある。そこで、ゆで湯に酢を少々加えると酢のタンパク質凝固作用で、白身が流れ出すのを防いでくれる。

ゆでるのが面倒、という方には、電子レンジでゆでタマゴを作る方法もある。

タマゴを丸のままレンジにかけると、ご存知のように破裂してしまうので、タマゴを割って耐熱容器に割り入れて、黄身につまようじで5、6カ所ぐらい穴を開け

る。これでラップをかけて約1分、加熱すればできあがり。

12 タマゴはこう冷凍保存すると長持ちする

生タマゴには、パックした日付と賞味期限が包装に記されている。だいたい2週間くらいが期限とされているが、10個パックはそれまでに使い切ることが多い。もし期限をだいぶ過ぎて悪くならないかと心配になったら、冷凍して使い勝手よく保存する裏ワザがある。

タマゴは、まるのままでも容器に割り入れて冷凍することはできるが、アイストレイにタマゴの黄身と白身を分けて冷凍すると使いやすい。これで黄身だけ、白身だけで使えるので便利だ。

しっかり凍ったら、フタ付き容器や密閉できるビニール袋などに入れておけば2、3カ月はラクラク保存できる。解凍する時は室温で戻す。

13 アサリの砂抜きを早くする裏ワザ

家族で潮干狩りに行って、アサリを大量に取って持って帰って食べるという記憶は、子どもたちにとって自分で取った自然の生き物を食べるという、人生における貴重な経験の一つとなる。

そして、持ち帰ったアサリを、どうすればおいしく食べられるかということも、もう一つの経験になる。というのも、潮干狩りで取ったアサリは大量の砂を含んでいて、その砂を吐き出させないとおいしく食べられないからだ。

アサリをボウルや洗面器などに入れて、塩を加えると砂出しができる、とはいうが、塩加減や水温の関係で、なかなかアサリが砂を出してくれないことがある。

そんな時の裏ワザ。水を50度くらいに温めて、そこに浸けると15分くらいでアサリがどんどん砂を出すようになるのだ。

これはアサリが水温の変化に「危機感」を覚えて、身を守ろうとして水分を吸収し、砂や汚れを排出するからだという。

砂などがたくさん出るので、何回かお湯を換えて、砂が出きったら水洗いして、そのまま調理するのがコツだ。

14 魚をオーブンで焼く時に便利な方法

自宅で魚を焼きたいが、グリルはあとで受け皿を洗うのが面倒、という人にこの裏ワザ。

オーブントースターでアルミホイルを使って焼く方法だ。

アルミホイルは1枚、ふつうに平たく敷き、その上にもう1枚のアルミホイルをクシャクシャにして、皮を上にして魚を乗せて加熱すればＯＫだ。15分前後でできあがり。

こうすれば身が焦げつきにくく、クシャクシャにしたでこぼこでアブラもほどよく落ちてくれる。

これでアブラが落ちたホイルを捨てるだけで、後始末はほぼゼロで焼き魚ができる。１枚目のアルミホイルは穴があくまで何度でも使える。

15 塩っ辛い魚の塩気を上手に抜くコツ

ヨーロッパでは塩漬けの魚類をよく食べる。長期保存するために、塩が効きすぎているものもあるので、塩抜きが必要なことがある。

イギリスではアンチョビーやスモークサーモンが塩辛すぎる場合、牛乳に30分ほど浸けて塩抜きする。

日本の裏ワザでは、サケやタラの切り身が塩気が多すぎる時には、塩水を作ってそこに魚を浸ける。水に塩を入れることで浸透圧が高くなり、魚の塩分をほどほどに抜くことができるのだ。

これを「呼び塩」という。間違っても魚を真水に浸けてはいけない。塩の量は水200ccに対して小さじ半分くらい。塩が多すぎると、当然ながらかえってしょっぱくなってしまう。

しょっぱすぎる塩サケは、焼く前に日本酒を少々かけるとしょっぱさがマイルドになる。

16 手に付いた魚の臭いはこれで簡単に取れる

鮮魚は、切り身などを買って調理するのが手軽ではあるが、まるごと買ってくるほうが割安になることが多い。そこで、魚をまるまる1尾買ってきてさばくわけだが、調理するうちに魚の臭いが手に染みついてしまい、家族に「魚臭いよー」と敬遠されることに。

そんな時には、手を大根おろしの汁で洗えばいい。大根をおろして、ふきんなどで汁を搾り、その汁で手を洗う。その上で石けんで洗えばOK。

大根おろしは魚料理に付け合わせて食べればいいので、一石二鳥だ。

17 魚調理による魚臭さを消す各国の知恵

ドイツ人が好きなものといえば、なにはともあれ「ビール」を連想するが、実はコーヒー好きな国民でもある。

魚を調理した時の臭い消しには、ドイツではコーヒーを少し手につけて、ぬるま湯で洗うそうだ。インスタントコーヒーでもOKだという。

一方、フィリピンでは魚を扱ったあとはトマトの端切れで手をこするそうだ。イギリスでは調理をしたあと、鍋に魚の臭いがついて気になる時には、鍋に半分ほど入れた水に紅茶のティーバッグの出し殻を浸けておく。

グリルで魚を焼く時の魚の臭いが気になったら、使い古しの紅茶の出し殻を使う。ティーバッグからお茶の葉を取り出し、焼く前に受け皿にお湯を入れてお茶を投入、よく混ぜる。

紅茶に含まれているカテキン成分が、魚の臭いを打ち消してくれる。緑茶にも、コーヒーにもカテキンは含まれるが、紅茶が最も効果があるようだ。

18 魚焼きグリル、こうすれば後処理がラク

魚焼きのグリルについては、紅茶の葉を使う以外にも便利な裏ワザがある。

受け皿に水とミカンの皮を入れて魚を焼くのだ。こうすると魚焼きグリルを使っ

たあとに水洗いだけでも油汚れがサラリと落ちる。サンマ2、3尾に対してミカンの皮は2個分くらい。受け皿にミカンの皮の外側を上にしてちぎって敷く感じだ。ミカンの皮のリモネンという成分が受け皿の水に溶け、魚の油を包み込んでくれる。かんきつ類ならなんでもOKだが、受け皿のサイズにぴったりのミカンの皮がベストだろう。

魚を焼き終えたら、水と皮を一緒に捨てて水洗いするだけで、ほぼ油汚れは流れ落ちてしまう。

19 刺身をおいしく食べられる切り分け方

一般家庭で魚の刺身を食べる時、たいていの場合、スーパーや鮮魚店で切り分けられ、発泡スチロールなどのトレイに入れられた状態で買って帰るだろう。大まかに切り分けられている状態を「さく」という。これを家庭でさらに一口大に切り分けて食べるわけだ。

ここから裏ワザが活躍する。

まず、刺身を「さく」で買ってきて、さらに切り分ける時、赤身は厚く切り、白身は薄く切ること。

マグロなどの赤身は柔らかく水分が多いので、あまり薄く切ると歯ごたえがなくなっておいしいと感じなくなる。ある程度のボリュームが必要なのが赤身というわけだ。

反対に、白身の魚、タイやヒラメなどは身がしっかりしていて、薄く切ったほうが味と歯ごたえを感じる。斜めに包丁を入れてそぐように切ると、うまみがより深く感じられる。

20 あまった刺身を翌朝においしく食べる法

新鮮さが命の刺身は、買った翌日まではまずもたないと考えたほうがいい。あまってしまうこともあるが、せっかくの刺身を捨てるわけにもいかない。かといって、冷凍するとおいしくなくなりそうだ。なんとかうまく処理して翌日までもたせたいもの。

そんな刺身の処理方法として、簡単でいろいろ使えるのが、密閉容器に入れてオリーブオイル（なければ、サラダオイルで）、酢、コショウ、好みで塩やローリエ（月桂樹の葉）などのハーブを加えて「マリネ」にする方法。

これなら、生のままでも翌日までもつし、そのままおかずにも、お酒のつまみにもなって便利だ。

もっと簡単に処理したければ、容器に刺身を入れて、醤油と酒を半々でひたひたに浸けて、冷蔵庫に入れておく。翌日、そのまま軽く焼けば、朝食のおかずにもちょうどよく、おいしくいただける。

21 密閉容器に付いた食べ物の臭いを取る意外なもの

密閉容器や弁当箱に食べ物の臭いが染みついた時、洗剤ではなかなか臭いが消えない。

そんな時は、米のとぎ汁の最初の濃いものをビニール袋や容器などに入れて、臭う容器を浸けておく。30分ほど経ってスポンジで洗い、きれいにすすげば臭いが落ちやすい。

22 揚げ物の油の臭いを消すジャガイモパワー

天ぷらなどで使う油は、なるべく繰り返し利用したい。そんな油に臭いがついたな、と感じた時の対処法。

臭いが強いものを揚げた時に、最後にジャガイモの皮を素揚げするのだ。ジャガイモのセルロースが臭いをある程度吸収する。

または、梅干し2、3個をキツネ色になるくらいまで揚げる。梅干しはハチミツなどが入っていないものを使うこと。

23 手に付いたニンニクの臭いを消すロシアの知恵

これはロシアの裏ワザ。極めて簡単。いかにも実用的で論理的っぽいロシア人らしい発想かも。

手についたニンニクの臭いは、「歯磨き粉」で手を洗うとスッキリ落ちるという裏ワザだ。

歯磨き粉の香りで、少しくらい手に残った臭いもうまくごまかせる。

24 電子レンジの中の臭いはこれで消せる

電子レンジの中は、食品を加熱した時に飛び散った汁などで意外に汚れている。そして、キッチンの中でわりと高い位置に置いてあることが多いので、あまり掃除をしていないこともあって、多少臭うことがある。

ついた臭いは、ふきんで拭いただけではスッキリしない。そこで、搾ったあとのレモンやグレープフルーツなど、かんきつ類の皮を皿に乗せて「弱い加熱」にセットして1分間加熱する。

すると、皮に含まれる香り成分リモネンがイヤな臭いを気にならなくさせてくれる。

内部の汚れ落としには水を容器に入れ、チンをして蒸気で蒸れて汚れが取りやすくなったところを拭くと手軽だ。

25 ビン入りの食塩や調味料を固まらせないコツ

キッチンの収納や食卓の上に置かれたビン入りの塩などの調味料は、いざ使おうと思っておもむろに蓋《ふた》を開けて振ると、ビンの底で固まっていてドサッと落ちてきた、というショッキングな事件が起こる。

そんなトラブルを根本的に避ける裏ワザ。

これは簡単な方法だ。調味料のビンを「逆立ちさせておく」だけ。

10日くらい置いておくと、ふつうに置くと食塩などは底のほうで固まるが、逆さまに置けば中身が蓋と容器の隙間をふさぐので、水分が浸透することを防止して固まらない。

食塩、粉末ミルク、コショウなどのビン詰め調味料など、逆さまにしても安定しやすい形状であればなんでもＯＫだ。

26 塩や砂糖をサラサラにして保存しておく裏ワザ

塩はどうしても長期間、あまり使わずに保存しておくと固まってしまう。そうなる前に、煎った米粒、または、炭を塩の容器に入れておくとよい。

塩自体をフライパンなどで煎って「焼き塩」の状態にしておけば、さらに乾燥を保つことができる。

砂糖は塩とは反対に、乾燥しすぎるとカチカチの状態になることがある。そういう時は、食パンのかけらなどを砂糖の容器に入れて、早ければ30分、長ければ数時間置いておく。

パンの湿気がほどよく砂糖に移ると、サラサラの状態に戻るのだ。サラサラになったら、パンは容器から取り出すことを忘れずに。取り出すとパン自体は砂糖に湿気を吸われてカラカラになっているのがわかる。

もう一つの方法は、「砂糖を冷凍する」という裏ワザ。

砂糖を容器のまま冷凍庫に2時間ほど入れておき、その後、室内に出して容器の蓋を開け、常温で30分くらい放置する。するると砂糖はサラサラになるはず。温度の急激な変化で、砂糖が空気中の水分を吸収するためにサラサラになるのだ。

砂糖の一部だけが固まったときには、固まった部分だけを同じように冷凍すればいい。

27 自宅で透明な氷を作るテクニック

カクテルバーなどで出てくるきれいな透明感のある氷を、水道水で作る裏ワザがある。

氷が透明にならないのは、消毒のためのカルキ（塩素）が残ったりするため。そこで、まず水を沸騰させてカルキを抜く。これで余分な空気も抜けるのだ。

そして、ぬるま湯の状態から凍らせる。さらに製氷皿を割り箸の上などに置くと、凍る速度が遅くなって、中心に空気が入りにくくなるという。

凍る途中で製氷皿を揺らして気泡が抜けるようにするとなおいい。

28 肉まんをおいしく蒸す技術

肉まんやあんまんなどを電子レンジでふっくらと蒸すのにはコツがある。加熱しすぎたりすると皮が硬くなってしまいがちなので、肉まんの加熱は「水分」がポイントとなる。

キャベツや白菜の捨てる外の葉っぱを洗い、皿に敷いて肉まんの下の紙を取って葉っぱに乗せ、ふわっとかぶせるようにラップをかける。

時間はレンジの機種によるので、何度か試してみよう。チンしたあとに1～2分、そのまま蒸らせばＯＫ。

29 飲みかけワインの保存にフランスの知恵

いただいたボトルのワインを家族で楽しく味わって、半分くらい飲み残すことがあるが、残りをそのまま数週間くらい飲まないこともある。すると、ワインが酸化して酸っぱくなってしまうことも。

そんな事態を避けるための裏ワザ。

フランス式では、ワインボトルにコルク栓でフタをする時、コルクの底に小さな穴を開けて、マッチ棒の柄のほうを刺して点火し、すばやくボトルに入れて栓をする。

すると、マッチの火がボトルの中の酸素を消費して消えるので、しっかり栓をすれば中に残ったワインが酸化しにくくなるのだ。

いまは飲み残し用に酸化しにくくなる栓なども売られているが、家にあるものでやりくりするのもスマートだ。

30 牛肉が冷めてもおいしく食べられる工夫

たまにはお弁当に「牛肉」といきたいけれど、牛肉は温かい時のほうがおいしく感じる。そこで、冷めてもおいしい裏ワザ。

牛肉を焼く前に肉全体にハチミツを塗ると、調理して時間が経っても牛肉の味が引き立てられるのだ。

安い牛肉でも、ハチミツを塗って、塩コショウをして、冷蔵庫で20～30分寝かせると、柔らかくておいしい肉に変身する。

または、ハチミツ、しょうゆ、ニンニクおろし、酒などでタレを作り、そこに浸けてから焼く。

ハチミツの「グルコース」などの成分でコーティングされ、牛肉が持つ本来の味が保たれるのだ。

31 大根おろしの辛さがこれでマイルドに

大根は、辛いものと甘いものの差が見ただけではわかりにくい、というより、ふつうは外見ではわからない。大根を切って、おろしてみたら辛すぎた、という時の裏ワザがある。

まず、大根は葉っぱがついているほうが辛くないので、葉元に近いほうを「おろし」に使う。おろすとき、できるだけやさしくおろすこと。

それでも辛い時は、おろした大根に酢を少しだけかける。それでまろやかな味になるのだ。

また、おろしてから、そのまま1時間ほど常温でおいておけば辛みも減る。もし急ぐ場合なら、20秒ほど電子レンジにかけるという方法も辛みを減らす効果がある。

32 トマトの皮を簡単にむく奥の手

トマトの皮をむく時、熱湯をかける「湯むき」が一般的だ。しかし、お湯を沸かすのも、熱湯をかけるのも、けっこう面倒なもの。そこで、もっと簡単に皮をむく裏ワザを利用したい。

トマトのへたを取って、その部分にフォークを刺し、ガスレンジの火に直接当てるだけでいいのだ。

皮が、プチンとはじけるので、そこで水にさらすと、簡単に、しかもきれいに皮がむける。

33 サツマイモをレンジで簡単にふかす方法

サツマイモをふかすには、昔は、「蒸し器」を使ったものだが、いまどき蒸し器も家庭にはあまりないだろう。

そこで、電子レンジを使ってイモをふかす裏ワザ。

サツマイモを、たっぷり濡らしたペーパータオル2枚重ねくらいにしたものに包み、さらにラップでしっかり包んで電子レンジで1本10分くらい加熱する。

これで、ふかふかのふかしイモに。

ペーパータオルがなければ、代わりに新聞紙を濡らして使ってもいい。ただし、この場合、イモの皮に新聞紙の臭いが多少つくので、皮をむいて食べるほうがいいかもしれない。

34 豆腐がよりおいしくなる下ごしらえのヒント

豆腐は国際的にも健康食材としての評判が高く、日本料理の「スーパースター」といっていい。しかし、日本国内ではあまり食卓のスターとして扱われていない様子。一般家庭では、豆腐の本当の魅力、実力を引き出せていないのかもしれない。

まず、豆腐は買ってきて調理する前に新鮮な冷水に30分ほど浸すこと。買ってきた豆腐をすぐに調理する人が多いが、このひと手間でずいぶん違う。水に浸して豆腐に染みた「にがり」などの臭みを抜くのだ。

豆腐は鮮度が最も大事。買ってきてしばらく経つと、豆腐も水も黄色っぽくなってくる。とにかく早く調理すること。

そして、味噌汁でも肉豆腐でも、豆腐を煮る時にはけっして「煮立たせない」ことが基本。豆腐は煮立たせると内部に穴のような「す」が立ってしまい、おいしくなくなる。

35 絹ごし豆腐をくずれにくくするコツ

麻婆豆腐や味噌汁、スンドゥブチゲ（韓国の豆腐鍋）など、豆腐料理で豆腐がくずれてしまうと、せっかくの料理の見かけが悪くなる。そんな時の裏ワザ。

豆腐がすっかり浸るくらいの容器に大さじ1杯の塩を入れ、豆腐をその中に投入。塩水に15分浸けておくだけでいいのだ。

塩水から取り出したら、豆腐はそのまま調理できる。食べた感じは変わらず、しょっぱくなることもないが、くずれにくくなる。

豆腐は重さの約85%が水分なので、ほどよい塩水の浸透圧で適度に水が抜け、扱いやすくなるのだ。

36 おとな向け辛口カレーを子ども向けにするテク

小さい子どもがいる家庭では、カレーの味付けを、子ども向けとおとな向けの2種類作らなくてはならないのがかなりの頭痛のタネ。

そこで辛口のおとな向けのカレーを、子ども向けの味にしてしまう裏ワザをご紹介しよう。

この方法は簡単。おとな向けの辛口カレーを作って、子ども用にもお皿に盛る。

そこに市販の粉末ポタージュスープをカレースプーン2杯分かけて、よく混ぜればOK。

辛いカレーを子ども向けに牛乳で薄めるという方法もあるが、これだとカレーのせっかくのうまみが薄くなってしまう。粉末ポタージュスープのうまみで、薄めてもカレーのうまみがなくならない裏ワザなのだ。

37 味付けに失敗した料理のリカバリー法

料理をしていてあまり味見をしない人がいるが、味見は料理の基本中の基本。どんな一流料理人でも味見は欠かさないのだ。

そんなプロの裏ワザ。うっかり味付けに失敗して、塩分が多すぎてしょっぱくなってしまった時は、「酢」でまろやかにする。「砂糖」を入れる人もいるが、それはやめたほうがいい。砂糖は塩分をきわだたせることはあっても、薄めることはない。

魚の塩焼きや塩辛などにも酢が効果的に働く。酢は、塩辛さや苦味を調整してくれるのだ。

煮物やカレーなど、どうも味がぼやけているな、という時にも酢が活躍する。ほんのちょっとの酢で味がキリリとする。

フライなどにレモンを搾ってかけるのも、酸味でキリリとさせる酢と同じ発想なのだ。

4章

これは助かる！
とっさの裏ワザ28

1 アメリカ式・しゃっくりを止める裏ワザ

いったん出始めると、なぜか止まらなくなることがある「しゃっくり」。外出先などでは困りものだ。

アメリカでは砂糖を使うそうだ。ティースプーンに軽く1杯の砂糖を数秒間、口に含んでごくりと飲み込めばいい。そして、水を一口飲む。

日本で昔からやっている、鼻をつまんで冷たい水を一気に飲むという方法も有効だ。これを何度やってもダメなようなら、「アメリカ式、砂糖飲み法」にトライしてみるといいだろう。

子どもはしゃっくりが止まらなくなることがよくある。小さい子どもは胎児の頃からのどの異物を取り除くためにしゃっくりをするものなのだ。

子どものしゃっくりが止まらない時には、「ゲップをさせる」「息を30秒止めさせる（無理はさせない！）」といった方法が有効だ。

赤ちゃんの場合、「ゲップをさせる」「温かい飲み物を飲ませる」「お腹やお尻を温める」といった方法がある。これでも止まらない時には病院に行くことをお勧めする。

2 とっさの歯痛、インドではこう対処する

スパイスの国・インドでは、クローブの実を痛いほうの歯で噛みしめると、しばらくは耐えられるとされる。カレーなどに香辛料として使われるクローブは「歯医者さんのハーブ」という別名もあり、古くから歯痛対策に用いられていたようだ。クローブの成分「オイゲノール」に抗酸化作用があり、抗菌・鎮痛効果があるとされる。クローブの花のつぼみは丁子《ちょうじ》、または丁香《ちょうこう》と呼ばれ、漢方で生薬として芳香健胃剤に使われる。

ロシアでは歯が痛い時の裏ワザとして、ニンニクを切って痛む歯のまわりの歯ぐきに擦りつける。これで腫れも引くという。

いずれも根本的な歯痛の治療ではないので、必ず歯科医にかかることが基本だ。

また、クローブは刺激が強いので妊産婦、授乳中の方は避けたほうがいい。

3 蚊に刺された時の臨時措置法

いつの間にか家の中に侵入していた蚊に刺されたけど、たまたま「かゆみ止め」の薬が切れていた、という時に南米で行われるという「臨時処置法」。レモンを切って、刺されたところにレモン汁をこすりつけるのだ。ただし、かゆいために引っかいてキズになっていたり、ひどい刺され方だったりすると、逆に痛んだり悪化する心配もあるのでご注意を。

あくまで軽い虫刺されで、ほかになにも手当ての方法がない時の「臨時」の処置と考えよう。

4 海でクラゲに刺された時にこの野菜

クラゲに刺されると、薬など持ち合わせていないのがふつう。次第に痛くなってくるけれど、水をかけることしか思いつかない。

そんな時、トルコではトマトで応急処置をすることがあるという。トマトを切って、刺されたところに当てる。すり潰して当てておくのもいいようだ。

日本では昔からクラゲに刺されたらオシッコをかけるといい、といわれたそうで、オーストラリアでは酢がいいともいう。いずれも酸味のあるものやアンモニアの作用が効果をもたらすのかもしれない。

ただし、クラゲにもその他の海の生き物にも、かなり危険な毒を持つ種類のものがいるので、病院で診てもらうのが一番であることには疑う余地はない。トマトなどの裏ワザはあくまで応急的な処置だ。

5 くしゃみを目立たなくするテクニック

人前で「くしゃみ」が止まらなくなることほどバツが悪いことはない。会議や学校の授業、演劇などでくしゃみが止まらないと、はた迷惑なことこの上ない。

そんな時には、くしゃみが出そうな瞬間に鼻をつまんで、くしゃみを口から出すという裏ワザがある。こうすると、くしゃみがまるで咳のように聞こえるので、さほど目立たなくなる。

もちろん、原因が急性アレルギーのものであったり、風邪などの症状だったら、ごまかしている場合ではないので、早々にその場を退席して、医者にかかるべきだろう。

6 あくびを無理にでも止める奥の手

会合などであくびが出て困ることがある。本人は、緊張感がないわけではないのに、なぜか抑えられない。そんな時にはこの裏ワザだ。

その方法は、「舌で上唇をなめる」というもの。ただ、そんなところを人に見られたらかなり不審に思われるので、口元を手で隠してペロペロしたほうがいいだろう。

睡眠不足などによる眠気が原因の場合は、「トイレです。失礼」と席を立ち、冷水で顔を洗って目を覚ましたほうがいいかもしれない。

7 赤ちゃんを泣き止ませる有効な手段

電車の中などで赤ちゃんが泣きやまないと、動きが取れない時には周囲に気を使ってかなり困るもの。

そういう時、赤ちゃんの片方の耳にやさしく少しだけ人差し指の先を入れてなでるようにするといい。

ただし、この裏ワザ、赤ちゃんにとっては自分の必死の主張が却下されることになるので、あくまで最後の手だ。また、赤ちゃんによっては、この方法が有効な子と、そうではない子がいるのであしからず。

8 とっさの時の氷枕の代用品

急な発熱で、氷枕が欲しいけれども手元にない、という時の裏ワザ。

タオルを濡らしてビニール袋に入れ、冷凍室で凍らせる。ほどよく凍ったら、それをさらにビニール袋に入れて厚手のタオルで包めば、立派な氷枕になる。枕にして頸部《けいぶ》を冷やすと効果的。額に乗せて冷やしてもよい。

凍らせるのは、新聞紙を何日分か重ねたものを濡らし、ビニール袋に入れたものでもOKだ。

9 定規がなくても長さが測れる耳より情報

千円札の横幅は15センチ、一万円札の横幅は16センチだ。一円玉の直径はちょうど2センチある。

これを知っていると、外出先でふと見つけた文房具やキッチン小物を買いたい時に、店頭で、その商品のサイズが適当かどうか、だいたいの感じを確認することができて便利だ。

男性の場合、自分の右手の人差し指から薬指までを握って、親指と小指を伸ばしたサイズが、だいたい21センチ〜21・5センチくらいになる。もちろん個人差はあるので、自分の親指と小指を伸ばしたサイズが何センチか、前もって知っておくとサイズを測る目安になる。

10 ねじの頭の「ねじ山」が潰れた時の対処法

ゆるみやすくて、よくドライバーで締め直している「ねじ」の山、とくに「十字型」の「プラス」のねじ山は、つぶれてしまって回しにくくなることがある。場合によっては、回らなくなってしまう。

そういう時は、ねじ山に輪ゴムをねじ込んでドライバーでしっかり押さえ、勢いよく回すとあっさり回ることがある。

最悪の場合、ラジオペンチなどでねじ山を挟み込んで強制的に回さねばならないが、この時も「輪ゴム方式」を併用するといい。

11 サバイバルで役立つ簡単「火おこし」テクニック

アウトドアの基本、サバイバルのテクニックで究極のものは、なんと言っても「火おこし」だろう。マッチやライターがないところで、火をおこせるかどうかが、サバイバルできるかどうかの境界になる。

縄文時代のような「木と木をこする」という火おこしも知っておいたほうがいいが、現代人にとって一番身近な火おこしの道具は、実は望遠鏡だ。

アウトドアに望遠鏡を持って行っていて、いざ、サバイバルということになったら、これで火をおこすことができる。

望遠鏡は凸面レンズの構造になっているので、虫眼鏡で焦点を合わせて紙を燃やすように、望遠鏡を太陽に向けて落ち葉などに焦点が結ばれるようにすると「火おこし」の道具になるのだ。

ただし、この時に間違ってもレンズをのぞき込んではいけない。また、当然のことながら、雨模様や曇りの条件下ではできない裏ワザである。

12 鍋で手早くご飯を炊く裏ワザ

ご飯は炊飯器で炊くもの、と思っている人も多いが、「鍋」を使ってコンロで炊くのも意外に簡単。震災などで電気が止まることもあるので知っておきたいワザだ。

米を洗って、夏なら30分、冬なら60分程度、水に浸けてザルにとって水を切る。そして、乾燥時の米と同量の水（米が1合なら、水も同量）を入れて、必ずフタをして、火にかけて沸騰させる。

沸騰したら、それを維持できる程度の中～弱火にして、水分がなくなったら炊きあがりだ。米の炊く量や鍋の大きさにもよるが、火にかけてからだいたい15分程度で炊きあがる。

もっと簡単に炊くなら、同量の水を沸騰させ、そこに水に浸けてザルにあげた米を入れる。この方法なら6分程度ゆでればできあがる。

いずれの炊き方も米と水が同量なので、炊く際に水加減を気にする必要がない。

13 耳から水が抜けない時にはこれを使う

海水浴やプールで耳に水が入った時、みんながよくやるように片足で「トントン」してもなかなか抜けないことがある。

そんな時、海岸なら、日に当たって適度に熱くなっている石ころを耳に当てる。すると、石の熱さで水が出てくる。

プールの場合は、耳を下側にして蒸しタオルを当てる。しばらくすれば水が出てくるはず。それでも出ない時は、耳鼻科に行くこと。耳になにか物を入れたりしないほうがいい。

14 カレー、ソースのシミを取る技術

カレーやミートソース・スパゲティを食べていて、うっかり服につけてしまうとシミになってしまい、洗濯してもなかなか落ちないもの。

そんな時、ついてすぐならとっておきの裏ワザでシミになるのを防ぐことができる。

汚れがついた服を脱いで、汚れた部分を上にして服地の裏にタオルを当てる。次にカレーやソースの表面の汚れをティッシュで軽く拭く。

そして「ご飯」の登場。汚れの部分にご飯をこすりつけ、ご飯に汚れが移るよう

にするのだ。

あらかたご飯に汚れが移ったら、洗濯用洗剤を残った汚れ部分に少しつけて、30秒くらい、手でもみ洗いする。

仕上げに、洗面台などで、ぬるま湯ですすげば、ほぼほぼ服の汚れは落ちるはず。汚れがついて1日以内であれば、ソース、カレー、コーヒーなどはこの裏ワザが効果的。その後しっかり洗濯すれば、シミにはならないはずだ。ただし、シルクやウール製品、麻などの素材だと、この方法ではうまく落ちないので要注意。綿、ポリエステル、ナイロンなどで試したい。

15 顔の汗を自然に抑える刺激術

暑い時期、とくに女性が気にするのが顔の汗。せっかくのお化粧がくずれてしまう。汗をぬぐうと化粧をやり直さねばならないので、ほとほと困るのだ。

脇の下の汗なら制汗スプレーなどである程度抑えることができるが、顔の汗はスプレーをするわけにもいかず、止めようがない。

顔の汗を抑えるツボ

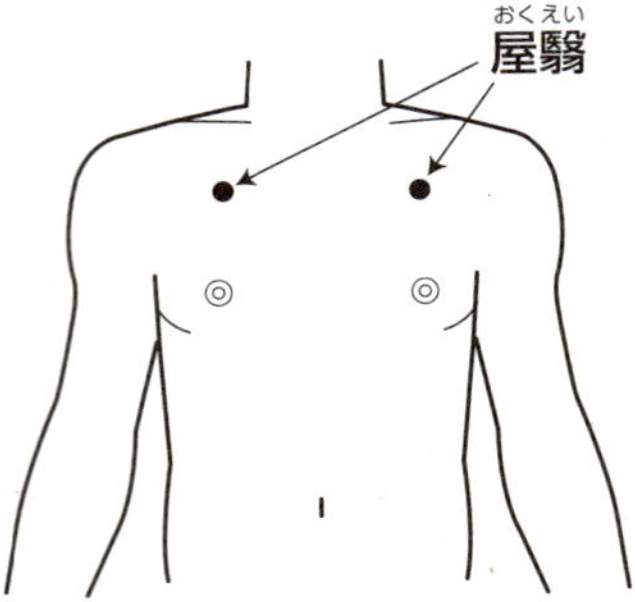

両鎖骨の下、乳首の5センチくらい上にあるツボ

そこで、注目なのが、顔の汗を止める裏ワザだ。

その一つが、女性の場合、「ブラジャーをふだんよりきつく締める」というワザ。これで汗が効果的に抑えられる人も多いという。

もう一つの方法が、鎖骨《さこつ》の下あたりのツボ（乳首の上5センチくらい）を刺激するというワザ。ここを10分ほどつまむと、ツボが刺激されて顔や頭部の汗が減るというのだ。

こちらは男性も女性も共通だ。「ブラ方式」も「ツボ刺激」も、「皮膚圧迫反射」という体の反応によるものだと考えられている。

自然な顔汗、頭の汗なら、ツボで抑えても体のほかの部分から放出されるので、体に害はないようだ。

とはいえ、もし汗を抑えて違和感があるようだったら、そもそも「発汗」は体に必要だから行われるものなので、無理に抑えないようにしたほうがいいだろう。

16 キャビンアテンダント秘伝、旅先での洗濯の知恵

出張などで旅が多い時には、下着などの洗濯に困ることがある。ホテルのクリーニングのサービスも、料金、仕上がり時間ともに条件とタイミングが合わないことがある。

旅慣れている航空会社のCA（キャビンアテンダント＝客室乗務員）たちの間に伝わる下着などの洗濯・乾燥方法がある。

滞在先のホテルにチェックインすると、彼女たちが最初にするのがシャワーと洗濯だという。観光や飲み会の前に、まずシャワー。そのついでに下着もバスルームで洗ってしまう。

そして、もし翌日のスケジュールに余裕があれば、そのままバスルームか部屋に洗い物を干すが、翌朝、早く出発する場合には、それでは間に合わない。そこで特

急便の乾燥方法があるのだ。

部屋に最低2枚くらいあるバスタオルに下着類を並べ、それらを巻いて「海苔巻き状態」にして足踏みし、その後に部屋に干すのだ。

部屋にはたいてい換気口や温風の吹き出し口があるので、その近くにハンガーに広げた洗い物を干す。

下着がズラズラ～ッと干された部屋にはだれも招き入れることはできないが、背に腹は替えられない。確実に朝までに下着を乾かすCAの間に伝わる秘伝である。

17 消しゴムがない時に代わりになってくれるもの

外出先で鉛筆書きの文書をちょっと直したいが、消しゴムがない、ということがある。シャープペンには頭のフタを開けると消しゴムがついているものが多いが、それもない、という非常時。

超裏ワザがある。輪ゴムを使うのだ。

輪ゴムを鉛筆などに巻きつけて文字を消せば、消しゴムに負けない「消去力」を発揮するのだ。

鉛筆や消しゴムがついていないシャープペンには、輪ゴムをグルグル巻きに巻きつけておくといいだろう。ただし輪ゴムの場合、消しゴムのように消しカスが出ない分、輪ゴムがどんどん黒くなってくるので、輪ゴムの交換が必要になる。

この一文字だけ、いますぐ消したい、という時には、輪ゴムは「消去」の実力を立派に発揮する。

18 雪で滑りやすい道を歩く時の奥の手

雪国で育った少しご年配の方だと、「荒縄を靴に巻きつける」という「滑り止め」のワザをご存知だと思う。ただ、荒縄は最近、身近ではあまり見かけないと思われるので、身近なもので代用する裏ワザ。

履き古して穴があいたような、いらない靴下を、両方の靴の上に履く、これだけでOK。荒縄ほどの強力な滑り止め効果はないかもしれないが、雪の上でもスイスイ歩くことができる。

ただし、完全に「アイスバーン」のようになったカチカチに凍った道では、靴下もすぐに凍って滑るので要注意。あくまで都市部での思いがけない雪の日の臨時の対策だ。

19 クマと出会った時のうまい逃げ方

昨今、山奥に住むはずの野生のクマが人里に下りてきて、住宅地にまで出没するケースが増えている。クマの住みかが開発などで狭まってきたり、エサの木の実が不作だったりと、いろいろな原因がある。

一方、近郊の山のトレッキング＝山歩きなどが幅広い世代で流行っているので、クマに出くわす危険性も増えている。子グマを見かけて、「かわいい」などと写真を撮ったりしていると、気が立った母グマが現れることもあり得る。

昔から言われる「死んだふり」は通用しないし、木に登ってもクマは木登りが得意で逃げられない恐れがある。

出くわしてしまったら、逃げ出すと後ろから襲われる可能性がある。クマも驚いているので、ついつい攻撃的になるのだ。

一番いいとされる方法は、「持っている荷物をクマのほうに投げ出す」こと。すると、クマがそちらに気を取られるので、そのすきにダッシュで逃げる。クマは食べ物を探していることが多いので、食べ物が入っていそうな荷物に関心が向く。

カメラのストロボも効果があるといわれるが、なかなか冷静にストロボを光らせるのは難しいだろう。とにかく後ろを見せると襲われるので、クマの目をにらみながら、後ずさりする方法がいい、ともいわれる。

出くわすことを避けるために、鈴を鳴らしながら歩いたり、ラジオを鳴らす、という予防策を万全に取ることも大切だ。

20 ゴキブリを一撃でやっつけるコツ

家の中にいてはいけないモノ、人類にとって最大の天敵、それがゴキブリだ。ところが、何度、殺虫剤を撒いても奴らはどこからか現れる。

まず、ゴキブリは飛ぶことができることを念頭に置くべきだ。そして、小さな幼虫はどんな隙間からも入り込む。アルミサッシのドアや窓の隙間からさえ侵入してくる。網戸に少しでも隙間があれば、いつでも入り込む。シンクの排水口などからも入る可能性があるので、フタがあればフタをするほうが安心だ。換気扇にも隙間があれば入ってくる。

さて、家の中に侵入したゴキブリに出くわした時、殺虫スプレーが手近になければ、新聞紙を丸めて叩くほかない。

そんな時、ゴキブリは背後からやっつけようとすると素早く逃げられてしまう。お尻の「尾肢《びし》」という2本の毛で「殺気」を敏感に感じるので、前方から叩くほうがよいのだ。

21 街なかで、だいたいの距離を知るノウハウ

不動産広告などで、「駅から○分」と書かれていても、実際に歩いてみたら、ずいぶん遠く感じた、ということがある。

不動産の広告は、規約で「距離80メートルにつき1分間」と決められている。と

ところが、道が急な坂道だったり、途中で横断歩道や歩道橋、鉄道の踏切があったりすれば、感覚が違ってくるのだ。

そこで、自分が実際に歩いたときに「何分で、どのくらい」といった距離の感覚を知る方法を知っていると便利かもしれない。

例えば、「電柱の間隔」は一般的に30メートルとなっている。電柱を何本通り過ぎたかで、ほぼ距離がつかめる。

また、成人男性が速足で歩くと、1分間で歩く距離は約100メートルだという。駅から1キロくらいです、と言われれば、信号や踏切、坂道などがなければ、だいたい駅から速足で10分くらいかかるかな、と計算できる。

自分が歩く速さと距離の目安の時間を知っておけば、およその距離がわかり、何百メートルくらい歩いたかがわかるだろう。

22 コンパスなしで方角を知る裏ワザ

キャンプなどのアウトドアを楽しんでいる時、またドライブ先で地図を見ても方角がわからなくなった時、はたまた街なかで迷子になった時には、方位がわかると助かる。

そこで、方位磁石がなくても方角を知る方法。

これはデジタルではダメだが、アナログ式の腕時計の場合、短針を太陽の方向に合わせる。その時、「12時」の方向と、その短針が示す方向の真ん中の方角が「南」になる。

アナログ時計がなくても、現在時刻さえわかれば、この方法を応用して、紙に時計の針を描くことで「南」がわかる。

ただ、もし山中で道がわからなくなった場合はむやみに動かず、なんとか連絡を取って救出を待つほうがいいことはお忘れなく。

23 相手の長話が止まらない時のかわし方

友だちでも先輩でも、相手が一方的に長々と話をしていて困る、ということが時々ある。とくに職場の上司などの話が延々と終わらない時には、なんとか中断させたくなる。

そんな時に相手の長話を強制的に打ち切る、いい方法がある。

NTTドコモの携帯電話に限るのだが、自分の携帯から「111」に電話をするのだ。「111」を発信すると自動音声が答えるが、それを聞くことができなくても、かかって3秒後くらいに切ればちょうどいいタイミングになる。

すると、数秒後に自動的に「着信」がかかってくるのだ。

そこで、その着信を理由に「あ、電話なので失礼します」といって、うまく席を外せばいい。

この「111」は、着信を試験する通信テストの番号で、電話の通信状態が正常かどうか調べるためのもの。自動音声の通信なので、一応長話を中断させる目的で使ってもかまわないだろう。しかも通話料は無料だ。

24 ジャンケンの勝率を上げる心理術

最近、商店街や生鮮市場などで、客集めも兼ねてジャンケンで勝ったら「特別に割引き！」というサービスがある。５００円、１０００円と割り引かれれば、消費者としてはかなりお得になる。

そこで、あまり日常的なことではないが、いざという時に備えてジャンケンに勝つ裏ワザを、ぜひとも知っておきたい。

ジャンケンは相手の心理を読む心理戦でもある。

まず、「あいこ」になった時、次に「同じ手」を出す人はかなり少ない、ということを知っておこう。

そして、「あいこ」になると自分が出した「あいこ」の手に勝つ手を出す傾向が強くなる。つまり、もしパーで「あいこ」になった時は相手は「チョキ」を出すことが多いので、こちらはグーで勝てる可能性がかなり高くなる、ということだ。

何度も「あいこ」が続くのは、お互いに「自分の手に勝つ手」を出しているからなのだ。

そうなると、必勝の手は「相手が出した手に負ける手」を出すこととなる。そうすれば、かなり高い勝率になるはず。

もう一つ、人にもよるが「チョキ」はなかなか出しにくい面もある。パーとグーは、突然「ジャンケン！」と言われてもとっさに出るが、「チョキ」は指を二本出すために、少し頭脳を使う傾向がある。

そのため、突然「ジャンケン！」と言われると、グーかパーを出す傾向があるので、そういう場合は、「パー」を出すのが負けにくい手だともいえる。

25 運転中に眠くなりにくくなる裏ワザ

行楽シーズンになると、どうしても起こってしまう交通事故の原因の一つが居眠り運転。

居眠り運転を避けるためには、運転者の能力と自覚と集中力が最も大切だが、同乗者も協力しなければならない。

同乗者がみんな眠ってしまうと、運転者もつられて眠くなってしまうものだ。とくに乗用車の助手席にだれかが乗る場合、その人は寝るのは禁物。絶えず話しかけなければならない宿命を持つ。

もう一つのポイントは、運転者が履く靴にある。できるだけ足の裏を刺激する靴のほうが、眠気を覚醒させるというのだ。

革靴など厚い底の靴より、「モカシン・シューズ」のような底の薄い靴、またはツボを刺激する靴など、足の裏を刺激する靴のほうが眠くなりにくいという。

運転者が眠気を感じたら、迷うことなくパーキングエリアなどで「仮眠」を取るべきだ。ただし、あまりに長く眠ると、目が覚めても体が「覚醒」しにくくなってしまうので、「仮眠」にとどめるべきだ。

ガムを噛んだり、同乗者と話をしたり、歌を歌うことは、覚醒を保つためには有効だが、そういうギリギリの状態であれば、その日は運転しないのが一番だろう。

26 車のヘッドライトが切れた時の切り抜け方

夜間の運転中にヘッドライトが切れると、片方でも困ってしまう。ときどき片方のヘッドライトだけで平気で運転している車を見かけるが、違反になることはもちろん、オートバイと見間違えられたりする可能性もあり、運転者にとっても歩行者にとっても危険極まりない。

できれば運転を中断して、その場でJAFなどに連絡を取るのが一番だが、そうはいかない場合もある。

ヘッドライトには下向きの「ロービーム」と上向きの「ハイビーム」の2種類がある。よく切れるのは下向きのことが多く、下向きが切れても上向きが生きていることが多い。

そこで、緊急手段として上向きを点灯させることができる。ただし、対向車にとっては上向きのハイビームはまぶしくて迷惑。ライト点滅の「パッシング」で「まぶしいぞ！」とクレームをつけられてしまう。

そんな時、アルミのテープ、なければガムテープなどでヘッドライトのレンズの「下半分」を覆う、という裏ワザがある。ヘッドライトは反射させ上下交差して照らしているので、下半分を隠すのだ。

これで対向車の運転者にまぶしくないようにカバーできる。ただし、車種によっては上半分でないと遮光できないこともあるので、前もって確かめたほうがいい。また、ガムテープだと焦げる場合もあるのでご注意。あくまでもほかに方法がない緊急時の応急処置として覚えておきたい。

27 飲み過ぎた翌日、二日酔いをまぎらわす飲み物

飲んだ翌朝、会議や打ち合わせがあるのに、二日酔い気味だとちょっと憂うつになる。毎回のように「あそこまで飲まなきゃよかった」と思う人も多いはず。

数時間で体調を整えなければ、という時、二日酔いからの回復には、人それぞれ独自の方法があるとは思うが、一つ試してみたいのがトマトジュース。

トマトジュースをコップに1杯、それでもいまひとつだな、という時は2杯飲むといい。

トマトの酸味は、胃がむかむかするのを抑えてくれる。同時に、トマトの成分のカロテンやクエン酸、ビタミンなどが疲労を回復してくれるのだ。

トマト100%のジュースは苦手という人でも、いろいろな野菜とトマトとのミックスジュースならいけるだろう。「ハチミツ入り」などもあるので一度試してみてはどうだろうか。

28 プレゼンや会議で「あがる」のを防ぐテク

新たな企画を提案する「プレゼンテーション」。経験者ならよくわかると思うが、社長や重役の面々を前にプレゼンをするのは、だれしも緊張し、ある程度は「あがる」ものだ。

そんな「あがり」を防止する裏ワザがある。

それも、いたってシンプルなワザ。手首に輪ゴムをはめて、発言する直前にパチン！　とはじいて刺激するのだ。

これは心理学的にも認められている方法。「パニック状態」を止める方法の一つなのだ。

もう一つのコツは、重要なプレゼンの時に、いつもと違うしゃれた服で行こうと考えないこと。いつもと違うものを着ると、それだけで緊張してしまう。ふだん通りの服装で臨むのが「あがり」防止になる。

5章

他人に内緒にしておきたい！
得する裏ワザ21

1 新幹線の自由席で「座席」をゲットするコツ

新幹線にはたいてい指定席より安い自由席がある。時期にもよるが、東京―新大阪の差額でお弁当代が出るし、博多まで行くなら、それにビールをつけてもお釣りがくる。自由席で座席をゲットすることができれば、指定席よりかなりお得なのだ。

そこで、自由席の座席をより確実にゲットする裏ワザが求められる。それには自由席車両＝1号車～5号車の座席数（「ひかり」の場合。「のぞみ」の場合は1～3号車）をチェックすることだ（列車によって自由席車両は異なるのでご注意）。

自由席に乗るために並んでいる人数が同じくらいであれば、座席数が多い車両のほうがより確実に座れる。

例えば、東海道新幹線のN700系だと、博多方面の先頭車両、1号車は「65席」なのに対して、2号車と4号車は「100席」と座席数がかなり多い。3号車は「85席」、5号車は「90席」なので、明らかに、「2号車と4号車が座席を確保する狙い目」ということになる。のぞみなら「2号車」だ。

ほかの車両系統でも、トイレなどが設置されている車両は、座席数が少なめになっているので避けたほうがいいのだ。

2 電池を長持ちさせるノウハウ

電池で動かす電気製品は身近にたくさんある。日々、その動いている状況がわかる掛け時計や目覚まし時計などは「きちんと機能しているな」とわかるが、そうではないものもある。

電池をより有効に使うためには、例えば懐中電灯やトランジスタラジオのようなものは、電池を本体の外に出しておくことが基本だ。使用する時に電池を入れるようにする。

非常用の持ち出し袋に懐中電灯などを入れておく場合も、週に一度くらい頻繁に電池のチェックをするのでなければ、電灯本体から出して別に保管しておく。

器具に電池を長期間入れたままにしていると、いつの間にか電池が古くなり「液漏れ」を起こすことがある。そうなると、電気製品の本体が損傷することもあるのだ。

電池を2本～4本使う器具の場合、電池が弱くなった時には、すべてを新品に替えたほうがいい。弱くなった1本だけ、一部だけを交換すると、かえってすべての電池に悪影響があるのだ。

弱くなった電池を冷蔵庫に入れると「復活する」という情報が一部にあるが、少なくとも現在使われている電池では「復活」はないというのが事実のようだ。

3 新鮮な花を買うタイミング

切り花は、その「イキのよさ」によって持ち方がずいぶん違う。同じ価格なら、できるだけ新鮮なものを買いたい。

花の市場＝花《か》き市場が終わるのは、ふつう午前10時（東京の場合）。そこで、花屋さんが品物を店に持ち帰る昼頃に、その日仕入れた新鮮な花が店頭に出る。

店頭に並ぶのは、仕入れ後に茎を切りそろえたり、組み合わせたりと、いろいろ処理があるので、早くても正午から午後1時頃。その頃に店に行けば、一番新鮮なものが手に入る。

夕方から夜にかけては、店員が一生懸命に呼び込みをしているが、この時間帯の花は鮮度がかなり落ちていると見ていいだろう。

4 使い捨てカイロを長持ちさせる知恵

寒い日の屋外で重宝する使い捨てカイロだが、いったん暖かい建物の中に入ると必要ではなくなる。カイロはそれでも熱を発し続けていて、もったいないな、と感じることがある。通常サイズのカイロは、40℃くらいで20時間くらいは使えるはずだ。

そんな場合、カイロの発熱を抑えれば、カイロを長持ちさせることができる。使い捨てカイロは、中の鉄粉が酸素に反応して発熱するので、酸素の供給を抑えれば発熱がある程度止まるのだ。

そこで、カイロが入っていた袋を、開ける時にビリビリ破らず、口を折れば再び閉じられるようにして取っておく。そして、使わない時はその袋に戻して、セロテープなどで封をすればいい。さらにひと回り大きめのビニール袋をかぶせて密封し、空気を遮断すれば安心だ。

再び使う時には、袋から出せば、発熱を再開する。カイロの熱の持続時間はかなり消耗しているが、短時間であれば活躍するはずだ。

5 エアコンの効きをよくする方法

暑い夏、エアコンがどうも前より利かないな、と思ったら、まずこの裏ワザを試してみたい。

エアコンの効率は、熱を外に放出する室外機の働きにかかっている。ところが室外機に直射日光が当たっていると、冷房の効率も下がるのだ。

そこで、室外機に「よしず」や「すだれ」などで日よけをするといい。直射日光を遮ることができれば、かなり違うはず。

また、室外機の背面側に外気が通るようにすることも一つの方法だ。室外機を背面の壁から離す、または、通行の妨げにならないくらい少し斜めにするだけでも、風通しがよくなる。

エアコンの冷房効率がよくなれば、結果的に省エネとなり、電気料金も抑えることができる。加えて、設定温度を下げずに扇風機をエアコンの冷風が部屋を循環するように回すのも効果的だ。

もう一つ、凍らせた大型のペットボトルをトレイなどに乗せて室内に置くだけでも、部屋の温度がずいぶん違ってくる。エアコンの冷気が苦手な人にはお勧めだ。

6 冷蔵庫の電気代を節約する裏ワザ

暑い時期の電気料金の多くは、エアコンと冷蔵庫など冷やす目的でほとんどが消費される。エアコンは熱中症を避けるためにも猛暑の日には使わざるを得ないが、冷蔵庫については「ムダ」を賢く減らすことができれば、ずいぶん電気代を節約できる。

その一つが、なるべくドアの開閉を減らすこと。

冷蔵庫のドアを開けると、冷気が一気に外に出て、その分、電気代がムダになる。つまり、暑いシーズンには冷蔵庫のドアはできるだけ開けないほうがお得なのだ。

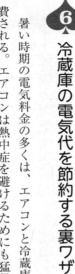

開けてもすぐに閉めることが鉄則だ。

そのために、冷蔵庫のドアにホワイトボードを貼って、中の在庫状況を書いておくといい。そうすれば、冷蔵庫を開けてから「何を取り出そうか」と考えることがなくなる。また、買い物前に「何がなくなっていたかな」と開けることも避けられる。

冷蔵庫の開閉が減り、少し涼しくもなる夜間は、温度調節を「弱」にすれば消費電力が減る。こまめに温度を調節するのも一つの節約方法だ。

7 洗濯機の電気代を節約する簡単テク

毎日のように使っている洗濯機の電気代を減らすことができれば、かなりの節約になる。といっても、うちのは全自動だから節約のしようがない、と諦めてはいないだろうか。

実は、全自動洗濯機でも節約する設定が可能だ。洗濯機の「標準コース」は「脱水時間」が長く設定されていることが多い。これはセーターなど水分を多く含むものに合わせてあることが多いからだ。

例えば、天気がよい日には、さほど脱水しなくても綿や化繊の衣類などの洗濯物はすぐに乾くので、「脱水時間」を短く設定すればいい。

脱水を短くすれば洗濯物も傷まなくなり、まさに一石二鳥なのだ。

8 寝る時に電気を使わず足を温めるひと工夫

寒い夜。なかなか寝つけないこともある。そんな時、足元が温まれば、自然に安眠できるというもの。それを暖房器具なしでできる裏ワザだ。

まず、ふとんの中で両方の足先をひざのほう（手前）に倒す感じで、かかとあたりのアキレス腱を伸ばすようにする。

そして、それを5秒ほど維持する。

それから、反対に両足の足先をピーンと真っすぐにさせて5秒伸ばす。体全体が伸びた感じで。

これを10回も繰り返せば足元がポカポカするはず。

ただし、この方法は個人差があるようで、あるテレビ番組がテストした結果では、

「12人中10人」には効果があったが、2人には効果があまり出なかったので、あしからず。

9 家具や家電を無料で手に入れるルート

最近、ネットを利用したオークションで、中古の家具や家電が「安値」で手に入れられる、とテレビのCMで盛んに宣伝しているが、これらを「タダ」で手に入れる方法がある。

自治体による「リサイクル品」の無料提供のシステムが多くの地方自治体で行われているのだ。

例えば、東京都なら数カ所ある「リサイクルセンター」で抽選によって、いろいろとタダでもらえる。

東京の豊島リサイクルセンターの場合、条件は「区内在住、在勤、在学、18歳以上」の人が対象ということなので、そこに住んでいなくても、勤め先、通学先が区内であればOK。

月2回の抽選では、1回につき2つの品物を申し込むことができる。品物は椅子、本棚、メタルラックなどさまざま。粗大ゴミとして回収されたリサイクル品だが、修理され、きれいな状態のものがほとんどだ。

当選したら、品物は自分で持ち帰るのが原則。運搬手段がない人には、運送会社を紹介してくれるなど至れり尽くせりだ。詳細は各リサイクルセンターにご確認いただきたい。

10 ハガキ、手紙を安く送るいくつかの方法

いまや郵便はあまり利用しない人が多くなっているが、いまもよく利用する人にとっては、このところ上昇気味の料金が気になる。ところが、実は日本郵便には、あまり一般には知られていないお得な商品がある。

その中でもミニレター（郵便書簡）はおすすめだ。これは封筒兼用で、ハガキの3倍のスペースに通信文が書けるもので、これなら便せんもいらず封書として送れて、しかも62円とハガキと同じ料金なのでお得。

おまけに、メモ（紙片）や写真を25グラム以内であれば同封して送ることができるのだ。ふつうのいわゆる封書（定形郵便物・25グラム以内）が82円なので、20円お得だ。

例えば、実家などに頻繁にプリントした写真などを送る人にとっては、かなり重宝。ただし、紙以外のものは同封できない。

通常62円のハガキでも、広告付きのエコーハガキだと5円安い。いろいろな企業などの広告が入るが、その内容を気にしなければ、仕事で大量に使う場合はかなりコストカットになる。

書き損じの官製ハガキは郵便局で1枚5円の手数料を引かれて新しいハガキや切手と交換してくれる。年賀状などプリントのミスやあて名の書き損じが出やすいが、交換すれば破棄するよりずっとお得だ。

未使用の切手も、額面の金額が1枚10円以上のものは5円の手数料で交換してくれる。10円未満の場合は手数料は半額だ。

11 安売りの鶏肉を高級肉に変身させる搾り汁

1章で、安い牛肉を上等の肉に変身させる裏ワザを紹介したが、安売りの鶏肉でも、自分でも「おやっ」と思うほど高級な感じに変身させることができる。

鶏の唐揚げを作る時に、下味にリンゴの搾り汁を加えるのだ。鶏肉500グラムに、リンゴ汁を大さじ半分くらいでOK。100％のリンゴジュースでもいい。鶏肉を浸けたら、冷蔵庫で1時間くらい置いておいてから調理する。

煮込み料理では、コーラやビールを煮汁に加える。炭酸が肉を柔らかくしてくれるのだ。味を見ながら、量は適量で。

12 炭酸飲料のボトルの炭酸が抜けにくくなるコツ

炭酸飲料のペットボトルは、いったん開けると炭酸が少しずつ抜けてしまう。3日も置いておくと、かなり抜けていることがある。

そこで、炭酸が抜けにくくなる裏ワザ。ペットボトルのキャップをしっかり締めて中身が漏れないことを確認し、ボトルを逆さまにして冷蔵庫に入れればいいのだ。キャップの隙間から気が抜けることを防げる。

こうしてもまったく抜けないというわけにはいかないが、次に開ける時にかなり炭酸が抜けるのを防いでくれる。

13 ハサミの切れ味をよくする簡単ワザ

ハサミの切れ味が悪いと、紙を切っていてもまどろっこしい。封筒を開封するにも手間取ってしまう。そこで簡単に切れ味をよくする裏ワザ。

ハサミを「研《と》ぐ」などというと大変だ。いたって簡単な切れ味回復方法が、アルミホイルを2枚重ねて、ハサミでホイルを長細く切る方法。これだけで切れ味が復活するのだ。

ハサミにセロテープやガムテープののりが付着して切れにくくなっていることもある。そういう場合は、テープで「はがし取る」という方法もあるが、効果的なのが「消しゴム」でハサミの刃をこする手。

ハサミの刃をこすって消しゴムかすをきれいに落とせば、のりが取れて切れ味がよくなる。仕上げにワインの栓のコルクで刃を磨くとピカピカになる。

14 ガソリン代を浮かす知恵あれこれ

自家用車のガソリン代をなるべく安くあげようと、少し離れていても安いスタンドや割り引きのサービスデーのあるところを探したりする人は多い。ところが、意外に自ら「ガソリンのムダづかい」をしていることがある。

愛車のトランクにゴルフクラブのセットなど重い荷物を積んだままにしている人がけっこういるのだ。これは、すぐに降ろすべき。重い「工具」なども最小限にしたほうがいい。

ガソリンをつねに満タンにしているのもガソリンの浪費になる。50〜60リットルのガソリンを満タンにしているということは、人を1人よぶんに乗せているようなもの。

ガソリンを入れる時は、高速道路を長距離走るのでもない限り、常時10〜20リットル程度、せいぜい半分程度まで入れておけばいい。

また、ガソリンを入れる時期にも注目したい。

ガソリンは気温が上がると体積が大きくなる。反対に気温が下がると体積が小さくなる。

つまり、気温が高い時にガソリンを入れると「損をする」ということになる。商売でクルマを多く使っている会社は、そのほとんどが朝一番の気温が低い時間帯に給油しているそうだ。

アイドリング・ストップもあまり実行しないドライバーが多いが、かなり浪費を防いでくれる。

例えば、暑い時期に冷房を入れるために駐車中にもアイドリングをしている場合があるが、ほんの5分間のアイドリングでも、結構な量のガソリンが消費されている。また、走行せずにバッテリーを使うので、バッテリーにも負担になって上がりやすくなる。ガソリン消費は車種やエンジンの状態にもよるが、アイドリングはできるだけ止めたほうが経済的だ。

高速道路を走る時には、前を走るクルマを追い抜きたくなるのがドライバーの心理だが、前のクルマの後ろについて走るほうが、空気抵抗を受けにくく、燃費は向上する。

前のクルマにぴったりついて走るのは、自動車レースでエンジンへの負荷を減らすためにプロ・ドライバーが使う高等テクニックでもあるのだ。ただし、一般ドライバーは適切な車間距離を守るようにしよう。

15 家を買うなら知っておきたい裏情報

サラリーマンにとって、一生に一度の買い物が住宅の購入。消費税アップや減税の動向も気になるが、住宅購入のタイミングには、ちょっとした裏ワザがある。

それは売る側の裏事情を知っているかどうかだ。

住宅会社が3月決算の時、その会社は3月中に販売しようとして必死にセールスする。住宅会社の営業マンは当然ノルマもあるので、セールスする時期には割安で買える可能性が高くなるのだ。

購入といっても住宅の場合、ふつうは全額を最初に支払うわけではない。それでも、住宅会社にとって決算月である3月中に手付け金を打ってもらい、契約だければ売り上げとして計上できるのだ。

売り手の事情をよく知って賢く買うことが、とくに住宅という大きな買い物では極めて重要だ。

16 本籍地は「思い出の場所」に変えられる

日本の戸籍制度は、とても厳密という印象がある。しかし、実は自分の本籍は、好きなところに移すことができるのだ。

市町村役場の戸籍課に印鑑を押した届けを出せば、東京の元赤坂の迎賓館の所在地でも、国会議事堂でも、港区六本木の真ん中にでも、自由に変えられる。「皇居」も可能だ。

ただし、夫婦の場合、それぞれが別々の場所を本籍とすることはできないので、夫婦が一緒に変更しなければならない。逆に言えば、夫婦の意見が一致すれば「二人の想い出の地、鎌倉市のどこかを本籍にしよう」ということが自由にできるのだ。

しかし、本籍を変更すると、公的な申請などの時に、いちいちそこの役所まで出かけなければならないといった不便が発生するかもしれないのでご注意（郵送請求できるが時間がかかることがある）。そんな不便を乗り越えて本籍変更にチャレンジするのも一興だ。

17 自分だけの「記念日」を登録する法

日本は、なにかと記念日が多い国のようで、ほぼ毎日が何かの記念日になっているのではないかと思われる。「11月22日・いい夫婦の日」など、ほぼ駄洒落《だじゃれ》で数多くの記念日が設定されている。毎月29日が「29＝肉の日」というのも定着しているのではないだろうか。

かつて「サラダ記念日」という歌集がベストセラーになったあたりから、「何でも記念日」という雰囲気が生まれたのかもしれない。

その記念日だが、条件さえ合えば、だれでも作ることができる。

一般社団法人の日本記念日協会に約10万円で登録することで、自分の記念日を正式に作ることができるのだ。「名称、目的、由来」などが協会の審査で認められればだが、企業の創立記念日などを登録することが可能だ。

記念日を登録するメリットとしては、記念日協会のホームページなどで紹介されたりとPRが行われ、自ら「日本記念日協会登録済」を堂々と謳《うた》うことができることなどがある。

試しに、個人的な記念日を「何周年の記念プレゼント」などのために申請してみるのも面白いかも。

18 上司になんとなく好感を抱かせる心理テク

職場ではコミュニケーションが大切。とはいっても、新しい職場ではなかなか上司や同僚となじめないこともある。というか、どこの職場でもそれが悩みの一つだろう。

この問題の解決方法には、極めつきの裏ワザがある。

とにかく、その職場の上司や同僚たちのファッション、趣味をマネすることだ。

これは心理学的にも明らかなこと。例えば、二人が隣り合って座っているのを観察すると、二人はもし初対面であっても、いつの間にか「同じような行為」をしている。

片方の人が足を組むと、もう一人も足を組む。腕組みをすると、もう一人も腕組みをする。そんな行動を、まったく無意識のうちにだれでも行っていることがわかるのだ。

そこで、上司や同僚と相互理解を深めたいという時には、まず形から入るという方法が有効だ。

例を挙げると、ネクタイの趣味。上司がいつもしているネクタイの柄、デザイン、色合いを、それとなくマネする。すると、上司は知らず知らずのうちになんとなく好感を持つものだ。

会議での話し方も、「～そういうことだ」とか、「それで決まり！」「忌憚《きたん》のない意見を～」など、上司の口癖をそれとなく「自然に」マネをすると、そこはかとなく親近感が生まれるのだ。

夫婦はいつの間にか「似たもの夫婦」になるといわれるが、お互いのコミュニケーションを深めるには「マネ」が非常に効果的だからこそ、結果としてそうなるのだろう。

ただし、ファッションも口癖も趣味も、あまりに露骨に「不自然に」マネをするとかえって違和感が生まれてギクシャクするので、あくまでも「それとなく」で自然にふるまう必要がある。

19 上司に気持ちよくおごってもらう裏ワザ

職場の付き合いで、一番難しいのが、上司に食事に誘われた時の対応ではないだろうか。上司との「ノミニケーション」は日本独特の習慣だと思われるが、「上司の誘いは断らない」というのが一種の鉄則のようだ。

要するに、上司は「食事」を職場の重要なコミュニケーション手段の一つとして考えていることが多いので、一種の「業務の一部」ということになる。

業務だと考えればやむを得ない。ちょっとくらい予定があっても変更して、上司に同行するのが日本の習慣的には正しいとされることになる。

業務なので、そこにはいろいろ「決まり」が存在する。

その第一が、メニューは相手よりワンランク以上「下のもの」を注文する、ということ。寿司にしても、上司が上から2番目の「竹」を注文したら、部下が「松」を頼むことは「タブー」。

せいぜい「じゃあ、私も同じもので」というところ止まり。ここで「じゃあ、私は『梅』で」とワンランク下の「梅」のメニューを頼むと、上司のおぼえはよくなること請け合いだ。

食事が終わって、いざ会計という時にも、上司が支払おうとしたら、部下は当然のような顔をしていてはいけない。

「いいんですか。ごちそうさまです」くらいの言葉は、タイミングよく発する必要がある。

ただし、この時、部下であるあなたは、財布からお金を出そうとするようなしぐさは禁物。あくまで業務なので、上司が支払うのが基本、ということだ。

ポイントは、いかに気持ちよく「お金を出させる」か、という点に尽きるだろう。

翌日、「昨日はごちそうさまでした」というひと言も大切。

20 会議で意見を活発にさせるセッティング

社内での会議を有意義なものにするには、参加者がとにかく積極性を持つことだ。意見を言わなければ、討議のテーマについてどう考えているのか、また新たなアイデアがあるのか、あるいはないのかがわからない。

そこで、参加者が進んで発言をするように仕掛ける方法がある。

会議室のテーブル配置は長方形の長テーブルを四角く並べることが多いが、まずテーブルをなるべく「円形」に近くなるように並べることが大切だ。

四角形の長テーブルでも、上から見て六角形や八角形になるように配置すると、「円座する」状況に近くなる。

人は心理的に円形のテーブルで会議をすると自由な発言が促進されるというのだ。出席者の上下関係や利害の対立関係が、円座することで「横並び」の雰囲気になる。

国際連合の安保理（安全保障理事会）会議室のテーブルがほぼ円形なのは、そのためだと思われる（国家間の利害による対立は起こるにしても）。

例えば、「きつい批判をしてやろう」と思う時には、人はその相手の真正面に座ろうとするもの。それが、真正面ではなくなると、なぜか「柔らかい雰囲気」に変わるものなのだ。

ただし、自由に意見が出るのはいいが、結論がまとまりにくくなるという傾向も円座にはあるというから、リーダーシップを取って最後にまとめる役を一人決めておくことが大切だ。

21 相手を説得する話し方の鉄則

営業職、セールス担当者ならずとも、「相手を説得する話し方」を知っておくといろいろなシーンで役に立つ。

日本語は「1分間に400字」のペースで話すと説得力が増すという。この項がだいたい400字なので、実際に1分で読んでみるとちょっと遅いなと感じるが、そのくらい落ち着いた話し方のほうが説得力が増すのだ。

一方、欧米人が相手の時は、少し早口にするほうが「知的な印象」を与えるという。欧米人相手に日本語で話す場合も、日本人を相手にした時よりスピードアップしたほうがいいらしい。

話す時には相手の目を見る、というのがセールスなどの鉄則とも言われる。けれども、あまりに凝視すると、とくに日本人は「威圧感」を覚えがちなので、ここぞという時だけ、しっかり相手の目を見つめながら話す、というのが効果的なようだ。

6章

心も体も元気になる！
健康の裏ワザ24

1 ベトナム、ヨーロッパの痛みを取るハーブ

自然のものを賢く利用することは、洋の東西を問わず行われているが、西洋から伝来したのか、アジアから伝わったのか、そのワザが広まったルーツを考えるとなかなか興味深い。

ベトナムでは軽い頭痛には「ハッカ油」をこめかみに塗って、その周辺をよくマッサージする。また、眉間《みけん》にすり込んで皮膚を指でつまんで引っ張るといいとも。

日本でも、昔から頭痛がすると両手の指で左右のこめかみを押さえたり、マッサージする動作を自然にしている。

ハッカ油には、主成分のメントールに清涼感のある香りがあることから、痛みやかゆみを軽減する効果があるとされている。血管を拡張する作用もあるとされ、それが、頭痛などを緩和するようだ。

ヨーロッパ各国でも、ペパーミントがしばしば「鎮痛」などに用いられる。頭痛対策の裏ワザとして、ペパーミントのエッセンシャルオイルをアロマで利用して、

香りをかぐことで頭痛をスッキリ撃退する。

ハッカは、古くから日本にあるニホンハッカとペパーミントの両方を指し、シソ科ハッカ属の植物。どちらもメントールを含んでいるが、ニホンハッカのほうがメントール成分が多い。

プランターなどで簡単に栽培できるので、育てて紅茶に加えるなどいろいろ利用できる。

2 頭痛をやわらげる応急処置

昔から、頭痛には多くの人が悩まされていたようで、「こめかみに梅干しを貼る」という方法もある。梅干しの香りに含まれる成分「ベンズアルデヒド」が効くとされる。

言い伝えの療法では「こめかみに貼る」とされるが、「香り成分」なので、梅干しの香りを嗅ぐだけでもいいようだ。

ただし、これはあくまで応急処置。いろいろな原因が考えられるので、頭痛がやまない時にはお医者さんへ。

3 熱が出た時のロシアの対処法

ロシアン・ティーというと、ジャムが入った紅茶、というイメージを持っている方もいるが、正式にはロシアン・ティーとは「完熟果物のジャムをなめながら紅茶を飲む」というロシア式のお茶の作法のようだ。

砂糖が貴重品だった頃の名残だという。ただし、実際に「ジャム」を紅茶に入れて飲むロシア人も確かにいるらしい。

ロシアでの風邪対策としては、いちご、木いちご、ラズベリーなど、ベリー系のジャムをお湯で溶いて飲む。発汗、利尿作用があるそうだ。厳寒の地で行われる風邪対策なので、相当、効きそうな気がする。

ちなみに、イギリスでロシアン・ティーというと、紅茶にレモンの輪切りを浮かべたレモンティーのことを指す。

4 咳が止まらない時のドイツの対策

ドイツではハーブの一つでスパイスとしても用いられるセージが、咳止めなど健康維持にいろいろ使われる。

咳が止まらない時やのどが痛い時には、コップに数枚のセージの葉と熱湯を入れ、10分間浸してセージティーにして飲む。蜂蜜を入れると飲みやすくなる。

ドイツでは中世の頃から医者がセージを利用していたようで、古いアラビアのことわざにも「庭にセージを植えているものは、どうして死ぬことができるだろう」というものがあるという。

もっと古くは、古代エジプトや古代ローマでも医療に使われていたとも伝えられている。ただ、その薬効についてはナゾの部分があるそうだ。ほかのスパイスに比べると、抗酸化作用が際立って強い。そのためか、ソーセージなどドイツ料理には欠かせないのだ。

ベランダでもプランターなどで育てることができ、挿し木すると手軽に増やせるので、育てている人にひと枝もらうのが一番の裏ワザのようだ。

5 イタリアでは咳はこう止める

イタリアでは風邪の対策、とくに「咳を止める方法」としてハーブの一つ「タイム」がいいといわれている。

タイムはハーブの中でも殺菌力が高いとされる。

乾燥したタイムを煎じて、その「タイム水」でうがいをしたり、そのまま飲んだりする。タイムの粉末をぬるま湯でかき混ぜて、うがいをするだけでも効果があるというから、ぜひ試してみたい。

子どもに対しては、タイムを入れたスープやシチュー、クリーム煮を飲ませるといいそうだ。ハンバーグにタイムを入れるという方法もある。

タイムの風邪対策の効果のほどは、日本でのショウガの効果に匹敵するくらいで、イタリアでは民間療法の素材としてかなり認められているようだ。

6 腹痛の際、アメリカで利用される意外な飲み物

アメリカでは着色されていないスプライト、ジンジャーエールなどの炭酸飲料を飲む、という民間療法が広く知られているという。

電子レンジでぬるめに温めて、かき混ぜて炭酸を軽く飛ばす。飲料の味が残っているので飲みやすく、糖分も補給できることで、胃の状態が改善されるそうだ。

乗り物酔いになった時にも、炭酸飲料を飲むのがアメリカでは一般的だという。

7 鼻が詰まった時の日本の伝統のワザ

風邪引きの時、高熱が出るのと同じくらい人知れずつらいのが「鼻づまり」だ。呼吸がしにくいので、なんともいえない独特の苦しさがある。

そんな時の日本の伝統的な裏ワザ。

長ネギを5センチくらいの長さに切ったものを、さらに縦に裂くように切る。す

ると、内側のねばねばした液体が染み出してくるので、その液体をガーゼなどにつけて、マスクをするように鼻に当てるのだ。

そのまましばらくすれば、鼻づまりは改善されるはずだ。

8 風邪対策、欧米で広く取り入れられている方法

軽い風邪対策に、ヨーロッパの裏ワザ。のどが痛い時には、マシュマロを紅茶に浮かべて飲むという。マシュマロのゼラチンの成分がのどにやさしいそうだ。

ヨーロッパに限らず、欧米では広く紅茶そのものが風邪対策に用いられている。ハチミツを入れて飲むこともあるようだ。日本の緑茶もそうだが、お茶の「殺菌作用」「抗酸化作用」がのどの炎症をやわらげるようだ。

日本でも、風邪の初期に、のどに違和感がある時は「紅茶でうがい」するといいとされている。

9 風邪としつこい咳、イタリアのおとな向け対策術

イタリアの風邪対策。アルコール入りなので、おとな専用の裏ワザだ。ミルクにハチミツを入れて温め、そこにブランデーを入れる。ミルク3に対してブランデー1の割合。温かいのでアルコールは多少飛んで度数は下がるが、子どもには厳禁。

そこで、子どもでも幼児ではなく少し大きな子なら大丈夫な赤ワインを使う方法がある。

第1章でも紹介した「ホットワイン」だ。赤ワインにハチミツ、または砂糖を加え、クローブ（丁字）、黒コショウの粒を加えてアツアツにして飲む。よく熱すれば、ワインのアルコールはほぼ飛んでなくなってしまうので、アルコールにとくに敏感な子でなければ大丈夫だろう。

よく熱することがポイントだ。

10 韓国の風邪対策はちょっと過激

韓国の風邪対策には、アルコールにかなり強い人向きの「過激」な裏ワザがある。寒い国によくある、強いアルコールで不調を治すというやり方の一つで、焼酎にトウガラシを数本入れて、辛みが酒ににじみ出たところを飲むという。

日本でも「タマゴ酒」が風邪にいい、と昔からいわれる。ただし、日本のタマゴ酒は加熱することでアルコールをほとんど飛ばしてしまう方法だ。

作り方は、溶きタマゴ1個分、日本酒100ccに砂糖小さじ1、2杯を鍋に入れ、よく混ぜ合わせながら、沸騰させないように火を通す。この過程でアルコールはほとんど消える。全体がとろりとしてきたらできあがり。

これはアルコールの効果が目的ではなく、タマゴの栄養と体を温める効果を狙ったものだ。

11 ウズベキスタンと日本に共通する風邪対策

風邪は世界のどこの国でも一番身近で、一番困りものの病気で、しかも大病につながるので、「早期撃退の裏ワザ」が各国に伝わる。

中央アジアのウズベキスタンでは、咳止めにハチミツ漬けの大根を食べる。この「ハチミツ大根」は、日本でも、似たようなワザがある。大根をハチミツに漬けた上澄み液で「大根あめ」を作るのだ。

大根をイチョウ切りか角切りにして、ビンなどに入れてハチミツをかけ、1時間ほど置く。染み出した大根エキス入りのハチミツが「大根あめ」。

そのまま飲んだり、お湯割りにする。漬かった大根を食べてもいい。そのまま冷蔵庫で1週間くらいはもつ。

12 アフリカ、北欧、インド…風邪の万能食品

アフリカ東部のタンザニアでは、砂糖を入れた紅茶にショウガ汁を入れる。そこにハチミツを入れることも。体をとにかく温めるのだ。

北欧のスウェーデンでの風邪対策の裏ワザは、ぬるめに温めたビールにショウガをすって入れる。さすが冬期の寒さが厳しい北欧だけに、ビールを温めるという発想がユニーク。

インドでは「咳止め」としてショウガにハチミツと黒コショウをつけてしゃぶる。黒コショウが粗挽《あらび》きだと、かえって違和感が残ってむせやすいので要注意。細かくしたもののほうが無難だろう。

中国では、ネギとショウガを煮て黒砂糖を入れ、沸騰させたものを「ショウガ湯」として飲むという。

ここまで世界各地でショウガが活躍するということは、ショウガが風邪対策に確実に効果がある証拠だろう。

13 便秘に試したい、この果実

便秘は、当然ながら、程度の個人差が大きく、原因や状態にも個人個人で相当な違いがあるので、対応法は一概には言えない。ただ、お困りであれば、ひとまず試してみる価値があるかもしれない、という方法だ。

干したプラムを水に入れて、砂糖を加えて、ドロドロになるまで煮込む。果物のジャムを作る要領で、クリームのようになるまで煮る。

そして、熱いのでやけどに気をつけて、しかし、アツアツのところをスプーンで少しずつ飲む。だいたいコップ半分くらいで効く例もあるという。

日本でも、青梅の実を利用する方法がある。青い梅の実をすりおろして煮て「梅肉エキス」を作り、水やお湯に溶かして飲むという方法だ。ただし、青梅は毒性があるので、生では決して食べないこと。

プラムと梅は、どちらもバラ科サクラ属で、日本の梅をプラムと呼ぶこともあるくらい近い親戚なので、共通の効果があるのかもしれない。梅の効果は整腸作用などがある「カテキン酸」という成分によるものといわれている。

14 なぜか食欲が出ない時に効くスパイス

ヨーロッパでは日本や中国での漢方薬に似た発想でスパイスをよく利用する。薬膳料理のように、体調を整えるためにスパイスを用いる文化があるのだ。

子どもがなぜか食欲がない、そして、元気も出ない、という時には、イタリアのお母さんはシナモンの効いたケーキを紅茶で食べさせる。もちろん、刺激しすぎるようなものは避けたほうがいいが、適度な刺激が効くのだ。

お医者さんは、胃腸の調子が悪いといえば「刺激物を避けたほうがいい」というが、イタリアではかえって「少しだけ刺激する」ようなものを利用するようだ。

15 歯を磨くと吐き気がする時のイタリアの裏ワザ

なぜか体調がすぐれないな、という時に、歯を磨くと「吐き気」がすることがある。

イタリアでは、そういう時にニンニクを使うそうだ。ニンニクを少し厚めに5～6枚スライスし、オリーブオイルでさっと揚げたものを食べる。

日本の常識からすると、ニンニクを口にしたり、臭いを嗅いだほうが不快な感じになりそうなものだが、ショック療法のような発想だろうか。

あくまでイタリアに伝わる民間療法の一つで、日頃ニンニク料理に慣れ親しんでいる人向けだと思われる。少なくとも、ニンニクが嫌いな人やアレルギーが心配される人などは避けたほうが賢明だろう。

16 やけどの時のアメリカ式ケア

料理の時や夏に花火で遊んでいる時など、思わぬ時にやけどをしてしまうもの。やけどの対処法は、とにかく水で冷やすことだ。アクセサリーや洋服などを患部から除いて、冷たい水をかけ続ける。氷を当てて痛みがひどくならないようであれば氷で冷やしてもよい。

そして、十分に冷やしたあと、アメリカではビタミンEのカプセルの中身を出して患部につけるという。液状であれば塗りつけ、顆粒状などであれば、患部にパラパラとくっつけるようにするという。

あちらではよく知られた民間療法だそうだ。当然ながら、この方法はごく軽いやけどの場合の対処法で、重度のやけどは病院へ行かないと大変だ。水ぶくれができるようなやけどは、菌に感染する恐れがあるし、悪化して痕が残るようなことになってしまう。

日本では「アロエ」をやけどの処置に用いる。これももちろん軽度のやけどの場合。患部が不衛生にならないように、アロエを1日3回くらいは取り替えて、ぬるま湯で洗うとよいとされる。

17 足の臭いを消す秘密の足湯

足の臭いは、たちが悪いことに本人はなかなか気づかないもの。靴が臭くならないまでも、足はほんのり臭っていることがある。汗をかきやすい夏の間は意外に部屋の換気がいいので気がつかず、涼しくなった頃に窓を閉めきると臭いが目立ったりするものだ。

そこで、簡単な足の臭い対策の裏ワザ。アメリカでは紅茶を濃いめに作って、お風呂、または大きめの洗面器に入れて30分ほど足湯をする。

お茶の殺菌成分が足の「臭いの元になる菌」をやっつけて、お茶の香りをつけてくれる。

この足湯は酢1、水2の割合で作った「酢水」でもいい。ただし、酢は足の皮膚にとっては刺激になるので、ぬるま湯で「上がり足湯」をしたほうがいいだろう。

18 蚊に刺されないようにする知恵いろいろ

屋外で気がついたら蚊に刺されていた、というのはやむを得ないとしても、家の中で蚊に刺されるのは腹に据えかねるもの。いったいどこから入り込んだのかわからない。

ドイツでは蚊に刺されない方法として、「ニンニクを食べる」という方法が伝わっている。また、「薄めたリンゴ酢を体に塗る」という方法もあるが、ちょっと後始末など面倒そうだ。

面白いのは「トマトの苗を窓際、ドア付近に置く」というもの。これは効果のほどが定かでないし、トマトの苗が、そうそう身近にあるものではない。

簡単にできそうなのは、「クローブをレモンに刺して、部屋のあちこちに置く」というもの。これなら、部屋の芳香にもなりそう。いずれか、試してみる価値はありそうだ。

日本ではミカンの皮を天日でカラカラになるまで干して小皿に乗せて火をつけるというワザも。虫が嫌う「シトロネラ」という成分が蚊を追い払う。

この際、「火の扱い」にはくれぐれもご注意。子どもやペットがいる家庭ではお勧めできない。

19 虫除けに効果！ アウトドアの新・必携品

キャンプなどのアウトドア・レジャーでは虫除けスプレーは欠かせない。ところが、この必需品をついつい忘れがちなもの。そんな時に代わりになるのが「ハッカ油《ゆ》」。

ハッカ油には、飲用できるものとできないものがある。飲めるもののほうがなにかと安心だ。ハッカ油をタオルに染み込ませて首に巻く。これだけで虫除けになる。水やエタノールで薄めてスプレーにしてもいい。

ハッカ油は汗を抑えたり、消臭したり、抗菌性があったり、いろいろ便利なのでアウトドアに必携だ。ただし、ハッカ油を入れる容器は「ポリスチレン（ＰＳ）」以外のものを。ポリスチレンはハッカの作用で溶けてしまうからだ。

20 熱中症の予防にこの野菜

真夏の暑い盛りには「熱中症で救急搬送」というニュースが毎日のように報じられる。熱中症対策に効果的なのは、いうまでもなく「水分補給」だ。

以前、テレビで中国の人々が暑い日にキュウリをかじりながら歩いている映像が流れ、「熱さ対策」だと伝えられた。ちょっと意外に感じた方もいたと思うが、これは実際に裏付けがあるようだ。

キュウリは、その90%以上が水分というみずみずしい野菜。しかもキュウリに含まれる「カリウム」が体を冷やす作用があるので、猛暑の日にはキュウリを持参するといい。確かに歩きながらでも食べることができる。

このほかの夏野菜、ピーマン、ニラ、オクラなどもカリウムが豊富。トマトも水分補給と同時に成分のリコピンに疲労回復作用があって、運動の前後にいいとされる。

21 眠れない時によく効く裏ワザ

翌日は大切な仕事や用事があるので、少し早めに寝たい、という時に限って、なぜか目がさえてしまって眠れなくなることがある。

寝酒を飲んでも、なんとなく落ち着かない。そんな時の裏ワザ。

タマネギをみじん切りにして枕元に置く、または、そのタマネギを少量食べるのだ。

オニオンスライスのようなサラダにしてもいいだろう。

タマネギの香りには鎮静作用があり、翌日のことで神経が高ぶったり、緊張していて眠れない場合には、落ち着かせてくれる効果があるのだ。

菊の花を天日乾燥させた「ポプリ」状のものを枕に入れるという方法もある。この「菊枕」は、頭痛にも効くといわれ、自然な睡眠の助けになるという。

22 効果的にダイエットできる心のコントロール術

ダイエットはだれもがトライするものだが、なかなか思い通りにいかない。その大きな原因は、自分の「心」をコントロールできていないところにあるのではないだろうか。

そこで、心理学的にもかなり実証されている「心のコントロール」の裏ワザを駆使してみよう。

まず、心理学的に「青い色」は食欲を減退させる効果がある。そこでテーブルクロスを青にするのだ。さらに食器も青っぽいものにする。

壁を青くするのも、食欲の抑制には効果があるといわれている。

また、部屋を暗くすることも効果的だという。食事の時に周りが暗いと食欲が進まないのだ。真っ暗な部屋の中では、ほとんど食欲が湧かない。

これは人間の本能からくる反応のようだ。

23 子どもに目薬をさす、うまいテクニック

小さい子は、たいてい目薬をさすのを嫌がるもの。小さい子どもにとって、お風呂で頭を洗う時もそうだが、目に水が入るということは最大の恐怖の一つなのだ。これは人間としての動物的な本能の一つなのだろう。

そこで、小さい子どもでもあっけなく目薬をさすことができる裏ワザを一つ。子どもを膝枕に寝かせて軽く両目を閉じさせ、目頭のまぶたの境界に目薬を落とすのだ。

目の「鼻の側」の端っこに目薬をさせば、まぶたの隙間に沿って目薬がじわじわと目に入っていく。

子どもにとっても、ちょっと「冷たい」と感じるくらいで抵抗感がないし、怖がることもない。この方法で、一度慣れれば目薬さしも平気になる。

「お膝で、ねんねしようか～」とお母さんかお父さんが優しく声をかければ、喜んで応じるようになること請け合いだ。

24 風呂場のヒートショックを回避する方法

冬期の入浴やトイレで気をつけたいのが「ヒートショック」の危険性だ。温かいリビングから温度が低い風呂場や寒いトイレに行くことで、温度差がありすぎて心臓などに「ショック」が与えられ、心臓や脳の急な病変を起こしやすいのだ。

とくに年輩の方は脱衣所やトイレにストーブなどの暖房器具を設置しておくなど工夫をしないと、重篤な急病に至らないまでも、めまいなどの症状を起こしかねない。

風呂場と脱衣所を温めておくには、浴槽にお湯を入れる時にシャワーを使うのが一つの裏ワザだ。そして風呂場全体を均等に温めると同時に、脱衣所にも「湯気」

が回るようにする。入浴する前にお湯を洗い場に何度か「打ち水」することで、浴室の床を温めるのも一つの方法だ。

ちなみに、シャワーでお湯を張る時に湯温が下がりやすいので、給湯温度は少し高めに設定するといい。

7章

今日から実践！
生活まわりの裏ワザ47

1 壁などに貼られたシールをはがす裏ワザ

小さな子どもが壁や家具にシールを貼ってしまうのは、「ダメ」と叱ってもムダで、どこの家庭でもやられ放題かもしれない。

とはいえ、とりあえず来客の目につくような場所のシールは格好が悪いので、なんとかはがして処理したい。

そこで裏ワザ。シールの上から熱いタオルを当てるのだ。タオルの熱さでシールの接着剤が柔らかくなってはがれやすくなるからだ。

それでもダメだったら、シールにドライヤーの熱風を当てる。ドライヤーの熱で接着剤を溶かしてはがすのだ。ただし、ドライヤーの熱風で壁や家具が変色したりしないか、前もって目立たないところでチェックした上で、この裏ワザを試してみるといいだろう。

2 借家で壁に釘を打つ時の秘密の方法

賃貸アパートだと、壁や木の柱などに釘やフックを打ち込んだり、ねじ込んだりすると、あとがついて引っ越しする時に「修理代」を請求されそうだ。本来は小さな「釘による穴」などは敷金から差し引かれることはないことになっているのだが、「差し引きの理由」にされかねない。

それを避けるための「釘穴をごまかす裏ワザ」がある。

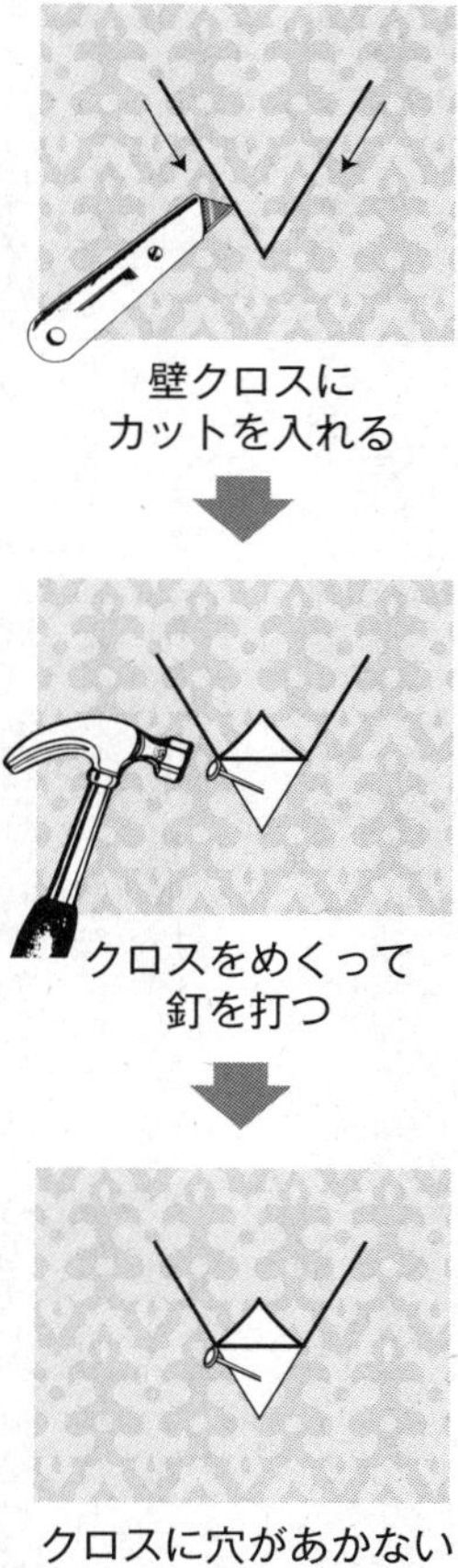

壁クロスに
カットを入れる
クロスをめくって
釘を打つ
クロスに穴があかない

壁に釘やねじ込み式のフックを取りつけたい時、先に打ち込む場所の壁紙（クロス）を「V字型」にカットするのだ。そして、壁紙に穴があかないように壁にじかに釘を打つ。こうすれば引っ越しの時には、釘を抜いてV字型の壁紙を元の状態に戻せば穴はわからなくなる。

重ねて強調するが、本来は「破損」したのではない、生活に最低限必要な釘の穴跡などは「現状復帰」の条件の範囲外で、退居時の修理代請求の対象とはならないことになっている。

3 荷物が入った段ボール箱を軽々運ぶコツ

重い段ボール箱はすべって持ちにくいし、運びにくい。そこでラクラク運ぶ裏ワザがある。

空の段ボール箱の上に荷物が詰まった重い段ボール箱を乗せるとラクに運べるのだ。また、軽い箱の上に同じくらいの大きさの少し重い箱を乗せてもOKだ。

これは、持つ荷物の重心が上にいくほど荷物全体が軽く感じられるから。

登山をする人がリュックサックの荷物の上のほうに重いもの、例えば缶詰とか飲み物のボトルとかを詰めるのと同じ原理だ。考えてみると不思議だが、重いものが上のほうが、リュックは実感として軽く感じられる。

4 石けんを泡立てるのに役立つ日用品

少し減ってきて、こすってもなかなか泡立ちにくくなった石けんを「復活」させる裏ワザ。

輪ゴムを2本、または2重にして巻きつけるとしっかり泡立つようになる。ただし、両手でこすると輪ゴムがはずれやすいので、片手で支えて、もう片方の手で石けんの表面を静かにこする。

こうしてできる泡は、細かくて汚れをよく落とす。小さくなった石けんを集めて「みかんネット」に入れる時も、輪ゴムを一緒に入れるといい。

5 この工夫で石けんが長持ちする

石けんを半端な作りの石けん入れに入れておくとベタベタになるというアクシデントは、これも洋の東西を問わないようで、解決策が考案されている。

ヨーロッパでの裏ワザは、石けんの底にアルミホイルを貼る方法。石けん容器の水はけが悪いために、石けんが底から溶けてしまうことがあるが、そういうことがなく、長く使える。

アメリカでは石けん皿の上にスポンジを置く方法も。石けんについた水分がスポンジに吸収されて、石けん自体が溶けにくいのに加えて、石けん成分が染みたスポンジを周辺の掃除に使える。

ただし、スポンジ自体がビショビショに濡れていると石けんが溶けやすいので、スポンジの水分はよく絞っておく必要がある。

スポンジが湿っていると雑菌も発生するので清潔に。比較的きれい好きで、ちょっとした手間を惜しまない人向きの裏ワザだ。

6 窓を開けずに部屋の臭いを手早く取る荒ワザ

部屋に、焼き肉など調理のあとの臭いがこもった時、寒い時期に窓を開けて換気するのもためらわれる、という場合の裏ワザ。

部屋の臭い対策は、1章でも欧米の例などいくつか紹介したが、「消臭剤」も使わず、ダイナミックに解決するこの方法はお勧めだ。

その方法とは、濡らして固く絞ったタオルの端を片手で持って、部屋の中でブンブンと振り回すというもの。急な来客の時やタバコの臭いが気になる時などに「濡れタオルブンブンブン」が活躍する。

ただし、振り回したタオルが照明や家具などに当たらないようにご注意。よくあるのが、蛍光灯から垂れているスイッチの「ひも」にからまる、というアクシデント。人にも当たらないようにご注意いただきたい。

7 アメリカ式・冷蔵庫の臭い対策法

日本では冷蔵庫の中が臭うようだと、脱臭剤を使う場合が多いが、海外では身近なもので代用している。

アメリカでは、冷蔵庫の臭い対策に、トマトジュースを染み込ませたキッチンペーパーで内部を拭くそうだ。さらに冷蔵庫内の香りづけに、挽いたコーヒー豆をカップなどに入れて置くのも有効だという。

冷蔵庫内のカビ防止に、アメリカでは酢を含ませた布かキッチンペーパーで内部を拭く。香りをよくするために、バニラやオレンジのエッセンスをコットンに染み込ませて入れておくこともある。

8 洗剤もぞうきんも不要！ 手軽に窓がきれいになる法

窓の汚れは、年末の大掃除の時でもないときれいにしようと思い立たない。けれども、思い立った時に手軽に拭く裏ワザがある。

手近に新聞紙を置いておいて、気がついた時に新聞紙を濡らして軽く絞って拭くのだ。これなら洗剤も用意しなくていいし、気がついた時にパッとできる。

この方法が有効な秘密は、新聞のインクに含まれる油分。この油分がガラスの汚れを落とすのだ。

ただし、インクが手につくので、ビニール手袋などをしたほうがいいだろう。

9 アメリカでは窓拭きに使い古しのこれが活躍

アメリカでは水道水にカルシウムが入っていることがあり、窓ガラスを水洗いすると水垢《みずあか》がつきやすいそうだ。そんなわけで、特別なガラス拭き用のツールを使うのではない、ガラス掃除の裏ワザがある。

使ったコーヒーのペーパーフィルターを洗って乾かし、窓ガラスや鏡拭きに使うのだ。ガンコな汚れも使い古しのペーパーフィルターでOK。テレビの画面やパソコンのディスプレイのホコリ取りにもペーパーフィルターが活躍する。

10 きれいになった窓ガラスの汚れ防止術

窓ガラスは、せっかくきれいに磨いて掃除をしても、すぐに静電気でホコリがついてしまう。

そういう時は、洗濯用の柔軟剤を薄めて、ぞうきんに含ませ、よく絞って仕上げ拭きをするとOKだ。柔軟剤が静電気を防止してくれて、ホコリがつきにくくなる。パソコンやテレビのディスプレイでも同様だ。

ただし、ぞうきんは「よく絞る」こと。取扱説明書に書かれていると思うが、家電製品の画面を不用意に濡らしてしまうと、いろいろトラブルが起こるのだ。

11 シンクの詰まりを取る一石二鳥のノウハウ

どこの家庭でも水回りの掃除や衛生には骨を折っているようで、いろいろな裏ワザがある。

ジャガイモ王国・ドイツでは、ジャガイモのゆで汁を熱いうちにシンクに流す。汚れも臭いも取れて一石二鳥だという。パスタのゆで汁で洗い物をすると、お皿などの汚れが落ちやすい、という裏ワザと同じようなメカニズムかもしれない。

12 飲み残したビールを掃除に活用する知恵

朝、気がついたら、前夜飲んでいたビールが中途半端に残っていた、という時。流しに捨てたりしてはいけない。

ビールをぞうきんにつけて、ガス台やシンクまわりを拭くと、油汚れが意外なほど落ちる。ビールは気が抜けていてもＯＫで、残ったビールは油汚れ掃除用に取っておくといい。

13 浴室の湿気対策に「10センチ」の法則

浴室がしけっぽいと不快なもの。浴室内を効果的に乾燥させる裏ワザは、風呂のドアを10センチだけ開けて換気扇を回すこと。

ドアを全開にすると、かえって換気扇の効率が下がるのだ。換気扇をひと晩回しておけば、しっかり乾燥できる。窓がある浴室でもきっちり窓を閉めて換気扇を回せばOK。

浴室は、いったん乾燥させれば思っているより湿気は少ない。なので、風呂場に洗濯物を干すと意外に早く乾く。雨の日の部屋干しには乾燥させた浴室がかえって向いているのだ。

14 薬剤を使わず風呂場のカビを防ぐ法

浴槽に前日のお湯を残しておくと、風呂場が湿っぽくなってカビが発生しやすい。けれども、残り湯は翌日の洗濯に使ったりするので、取っておきたいという気持ちもある。

しかし、風呂場のタイルなどの目地《めじ》が黒ずんできたら、早めに対処しないと風呂場からカビの胞子が家の中まで広がりかねない。

市販の塩素系のカビ取り剤などもあるが、使い方に注意が必要だし、塩素の臭いがして体にもよくはなさそう。

そこで、より安全で簡単なのが、消毒用アルコールを使う方法。カビが生えそうなところにスプレーしておけばいい。

もう一つ裏ワザがある。それはロウソクのロウをすり込むこと。タイルの目地などに、ロウソクをこすりつけておく。

これで水分がはじかれてカビが生えにくくなる。ロウソクはごく細いものでいいので、クリスマスケーキについてきたもののあまりなどでＯＫだ。

15 色柄物の服を色落ちしにくくするコツ

カラフルなファッションのメッカ・イタリアならではの裏ワザ。

色柄ものの服を買ったら、水と酢を「８：２」に混ぜて、10～20分くらい浸けておく。そして、冷水ですすいで陰干しにする。また、塩には色止め効果があるので、色落ちが心配な衣類は塩に浸けてから洗うといいという。

ただし、高価な衣類で色落ちが心配な時は、色味が少しでも変化すると大変だ。そういう場合は、信頼できるクリーニング屋さんに相談するほうがいい。

16 変色した銀製品をピカピカにするテクニック

プレゼントで大事な人からもらったアクセサリー、銀製品などは、あまりに大切にしまっておくと、数年経って使ってみようと開けてみたら「サビてたっ！」ということが起こりがち。

また、大切な指輪をしたまま「温泉」にうっかり入ったら、温泉の泉質によっては、その含有物の作用でアクセサリーが「変色した〜！」ということも起こる。温泉には更衣室などに「注意事項」として掲示してあるはずだが、そんな時、大事なアクセサリーの輝きを元のように復活させるのがこの裏ワザ。

ティッシュを4つ折りにして、そこに口紅をつけ、変色したアクセサリーを磨くのだ。

これは口紅の成分に「界面活性作用」があるためにできること。口紅の発色をよくするための成分も汚れを取り除いてくれる。

ただし、アクセサリーに細かい凹凸がある場合、そんな部分はなかなかきれいにはならないので、指輪などを購入した宝飾店に相談するほうがいい。

17 グラスが曇った時の裏ワザ

ピカピカのグラスをお客さんに出すのは気分がいいもの。ところが、そのグラスに水垢の跡や、くすみがあったら、お客さんにも不快な思いをさせてしまう。

ドイツでは、落ちにくいくすみは、レモン果汁や酢をつけた布でこする。さらに落ちにくければ、食塩をまぶしてこするとよい。ただし、デリケートなグラスの場合、塩の粒子でもかすかなキズがつくかもしれないので注意したい。

18 デカンタのような細口容器を洗う裏ワザ

ワインボトルの中を洗いたい時やデカンタのような細口のビンの中、水筒の中の茶渋《ちゃしぶ》を洗いたい時は「タマゴのカラ」が活躍する。

タマゴのカラを細かく砕いて、水と洗剤を入れ全体を上下に振る。カクテルでもシェイクするように、しばらく振れば内部の汚れがスッキリする。あとはカラを出して、よくすすぐ。この場合も傷つきやすいデリケートなガラス製品の場合には注意したい。

19 コインやメダルを新品同様にピカピカにする法

ピカピカのコインやメダルは、大切にしまっておいてもいつの間にか輝きを失っている。場合によっては、銅製のコインなど目を疑うほどに変色してしまうこともある。

そんなコインやメダルを新品同様にするドイツの裏ワザ。練り歯磨きをコインに塗って、しばらく置くのだ。そして、布で拭き取り、よく洗う。この時、練り歯磨きが固まってしまわないように注意。いったん乾いて固まると、コインの表面の凹凸から取り除きにくくなる。

シルバーのコインは、シルバー製品専用の布で磨くのが一番いい。シルバー製品についていては、ナイフやフォーク、スプーンなどの「カトラリー」も同様なので、シルバー専用布は一家に一枚あっていいだろう。丈夫な麻１００％の布でもシルバー製品を磨くことができる。

錫《すず》の食器などもいつの間にか渋い輝きを失っていることがある。そんな場合は、家庭用のスポンジなどに石けんを含ませて軽くこする。

錫の独特の光沢を取り戻すためには、直線的にこするのではなく、必ず円を描くようにこするのがポイントだ。

20 アイロンなしで服のシワを伸ばす

旅行先で洋服にシワが寄ってしまうと困るものだ。最近は携帯式のスチームアイロンのようなものが市販されている。ホテルのフロントで貸し出すこともあるが、そういうものがない時の裏ワザ。

浴槽にシャワーでお湯を張って、浴室全体に湯気を立ち込めさせ、ハンガーで服を吊るす。すると湯気の力でシワが伸びる。伸びたところで部屋の中で乾燥させるのだ。

シワ伸ばしでもう一つ、タオルを使う方法がある。熱いお湯にタオルを浸してしっかり絞り、その熱いタオルをシワの部分に当てるのだ。

21 きれいな包装紙のテープをうまくはがすコツ

きれいな包装紙は、そのまま取っておいて、なにかの時に再利用したいもの。ところが、紙にしっかりついたセロテープは、なかなかうまくはがせないことがある。うっかり無理にはがそうとすると、包装紙が破れたりもする。

そんな時には、低温に温めたアイロンをサッとかければ、「のり」が柔らかくなってきれいにはがれる。テープそのものが溶けないように、表面にまんべんなく温度を加えるのがコツ。

ただ、テープが包装紙のすみっこに長々と貼りついているような時には、その部分をきれいにカットして捨ててしまうという裏ワザ（？）が圧倒的に早い。

22 アイロンをかけずにハンカチをパリッとさせる

ハンカチはパリッとしたものを持ちたいもの。しわになったハンカチは、ちょっと人前で出すのは恥ずかしい。けれども、ハンカチにまでアイロンをかけるのはかなり面倒だ。

そこで、アイロンなしでハンカチをパリッとさせる裏ワザを。

洗濯したハンカチを干す前に、４つに畳んで手でパンパンと叩く。これだけで、かなり平たくなる。さらに広げてパシッと両手で引っ張って、洗濯ばさみでピンと伸ばす感じで干せば、乾くとかなりパリッとなるはずだ。

もう一つは、ガラス窓に貼って干す方法もある。部屋のガラスの内側に洗濯してピンとさせたハンカチを貼り付けて乾かす。これならほとんどアイロンをかけたと同様にパリッとなる。

冬場で部屋が乾燥する時には、部屋の空気に湿り気を与えるので好都合な方法でもある。

23 子どもの体操着に上手に大きく名前を書く知恵

小中学校の入学、進学の時に、けっこう困るのが体操着などに大きく名前を書かねばならないこと。体操着はとかく布地が伸縮しやすいので、名前を書くのに手こずることがある。

その解決策の裏ワザ。ヘアスプレーを名前を書く面に「ムラなく」スプレーして、よく乾燥させてから文字を書けばきれいに書ける。

ヘアスプレーにはたいていの場合、油をはじく性質があるので、油性ペンでもにじまずに、シワも寄りにくくなるのでうまく書けるはず。

注意点は、スプレーは可燃性のガスが使われているものが多いので、火気の近くでは避けることと、換気がいいところ、開けた窓のそばなどで行うこと。

もう一つの裏ワザは、文字を書こうとする服の裏に紙ヤスリを敷いて書く方法。こうすれば、書いていても布が片寄りにくいので書きやすくなる。布の四方を、アイロンなどの重しで少し引っ張って固定すると、より書きやすくなる。

24 赤ワインが洋服に付いた時のシミ取り術

洋服のシミでガンコなものの一つが赤ワインのシミ。すぐにその部分に塩をたくさん乗せてワインを吸収させる。吸い取ったあとに塩を取り除いて酢を少々垂らす。仕上げに濡らしてよく絞ったタオルで叩くようにする。

白ワインが手近にあれば、仕上げの前に白ワインを垂らして叩き洗いし、同様に絞ったタオルで仕上げる。

ただし、高価で傷みやすい生地《きじ》だと、あとにシミが残ったり、布地が傷む可能性があるので、濡れタオルで吸収させるだけにしてクリーニング店に相談したほうが無難。

25 墨汁のシミには取り方がある

墨汁が服についてしまうトラブルは、いまどきの生活では正月に「書き初め」でもしない限り、あまり起こらないと思うが、最も困りものの汚れの代表として、その対策の裏ワザをご紹介しよう。

その対策で登場するものもちょっと変わったものかもしれない。「炭石けん」という石けんの一種だ。

墨汁がついて、いったん洗濯をしたものはダメ。墨汁がついたらすぐに汚れた部分を水で手洗いし、そこに炭石けんをすり込む。

そして、塩をパラパラと振りかける。

墨汁は、煤《すず》を「にかわ」(動物由来のタンパク質成分)で固めたものなので、ふつうの石けんや洗剤ではにかわが溶けにくい。そこに塩を振りかけると洗剤の効果がアップして、にかわを溶かしてくれる。

そして、炭石けんには「薬用炭」という細かい穴があいた炭が入っていて、これが墨汁の煤の成分を取り込んでくれるのだ。

注意点は、墨汁を洗う時に洋服のほかの部分に広がらないようにすること。また、化学繊維を含んでいる布地には、この裏ワザは効果がない。

綿100%の生地に最も有効だが、シミがうっすら残ることもあるので、心配であればクリーニング店に相談したほうが安心だ。

26 防虫剤を使わずに衣類を虫から守る

乾燥させた赤トウガラシは、香辛料としてだけではない活躍の場がある。その一つが洋服の防虫剤だ。化学的な成分が入った市販の防虫剤の臭いはきついと感じる人もいる。秋から冬の間、クローゼットやタンスにしまっておいて春先に出すと、ちょっと臭いが気になる。

そんな防虫剤の代わりになるのが赤トウガラシなのだ。薄い紙に包んで衣類のポケットなどにいくつか入れておくだけ。引き出しの隅においておくだけでもいい。

威力を発揮するのが「ひな人形」などの保管の場合で、人形の金糸、銀糸や金物類は化学的な防虫剤だと変色することがあるが、赤トウガラシなら大丈夫。お茶パックに入れるなどして箱に入れておこう。

赤トウガラシの防虫機能を実証してくれるのが米の保管。米1キロに1本、米の容器や袋に赤トウガラシを入れておくと害虫が出ない。

27 ふすまの引き戸がスムーズに動くようになるコツ

押し入れのふすまや部屋の仕切りの引き戸は、少し古くなってくるとスムーズに開け閉めできなくなってくる。毎回ガタガタと開け閉めするのはおっくうだし、夜中には騒音も気になる。

そんな時、脇の下の汗対策などに使う「制汗スプレー」を敷居（引き戸のレール）にスプレーするといい。

制汗スプレーに含まれている「サラサラにするパウダー」がベアリングやコロのような役割をして、ふすまや引き戸がスーッと開け閉めできるようになる。

スプレーがふすま紙にかかったりしないように注意。また敷居、レールが白木など白っぽい材質だと変色する可能性があるので、変色しないかどうか目立たない部分で確かめたほうが安全だ。

28 たたみを長持ちさせる、ちょっとしたワザ

最近はフローリングが好まれるようになり、たたみの部屋が少なくなって、たたみのメンテナンスの仕方を知っている人も減っている。かつてはお母さんがたたみをゴシゴシとぞうきんで乾拭きする姿が日常の光景だったものだ。

たたみは上手にメンテナンスすると、長期にわたってきれいに保たれる。それには裏ワザがあるのだ。

たたみは「い草《ぐさ》」という自然の素材でできているので、この「い草」をいかに保つかということになる。

まず、たたみは直射日光に当たると「やける」。当初の青い新鮮な色合いが失われて色褪《あ》せしやすいので、たたみには日光は禁物。日が差す時間にはカーテンなどで遮る。

また、「い草」は乾燥すると傷みやすい。電気こたつやホットカーペットの下のたたみが傷むことがある。

そんな時は洗面器の水に酢を数滴入れて、湿らせたぞうきんをよく絞って拭く。すると、たたみに適度な湿気が戻る。

もう一つ、時々でよいが、緑茶で濡らして、よく絞ったぞうきんで拭くと、たたみ本来の青さがキープされる。お茶に含まれる「カテキン」の働きで消臭効果も期待できるのだ。

もちろん、この裏ワザ、天然素材ではないプラスチック系の素材のたたみは対象外だ。

29 たたみに醤油などをこぼした時の対応法

たたみの部屋は昨今かなり減っているが、いまでも素朴な雰囲気のたたみ部屋の支持者は多い。

ただ、たたみの一番の問題点は、フローリングと違って汚したら跡が残って大変、ということだろう。

例えば、しょうゆやケチャップをこぼした時、あわててぞうきんで拭こうとすると、かえって汚れが広がってしまう。

そこでシミにしないための裏ワザとして、汚れたところに小麦粉（重曹、クレンザーなどでもいい）を振りかけて、ひたすらその部分を拭く。お湯を含ませたタオルをよく絞って拭くのもいい。

汚れがついたばかりのたたみの汚れであれば、この方法でほぼきれいになるはずだ。裏のそのまた裏ワザとしては、たたみにシミがついて落ちなくなってしまったら、たたみの配置を変えて、家具の下敷きにして隠す、という奥の手もある。

30 フローリングをツヤツヤにする残り物活用法

フローリングを磨く床磨きの製品はいくつかあるが、どうもあの「化学的な臭い」が苦手という人は多い。また、子どもやペットがいると、安全かどうかも気になるところ。

そこで、もし口に入ったり、ペットがなめたりしても安全なもので床を磨く裏ワザ。

例えば、少し古くなった牛乳は捨てるのはもったいない。ぞうきんにつけてフローリングを拭くとツヤツヤになる。

米のとぎ汁もいい。ぞうきんにとぎ汁を染み込ませ、絞って拭いて磨くと水拭きとはまったく違ったツヤが出る。

ぞうきんより使い古しのストッキングを使うと、少量の牛乳やとぎ汁でツヤ出しができる。

磨いたあとに牛乳などの臭いがかすかに残るのが気になるようだったら、仕上げに乾拭きをすればＯＫ。ツヤツヤになったところをしっかり乾拭きすれば、さらにツヤが出る。

31 クレヨンの落書きをきれいに落とす裏ワザ

小さい子どもがいる家庭では、ふすまや壁、フローリングなどにクレヨンで落書きされることは、どうしても避けようがない。

子どもにとっては、スリルある冒険で、ちょっと目を離すと、あっと言う間にお花や顔がでかでかと描かれている。子どもがどこにいて、何をしているかを四六時中見張ることはまず不可能だ。

それに、親としては子どもにはクレヨンでも何でも自由に表現をさせたいところ。そこで、ふすまなどは子どもにとっての「キャンバス」と考えて、自由に描かせる、というのが潔い。ふすまは張り替えもできる。ただ、賃貸の家の場合に困るのは、柱や壁、床にクレヨンで描かれること。

そんな場所では、アイロンを使うといい。柱や壁の落書きの上に布を当ててアイロンを押し当てる。これでクレヨンを溶かして布に吸着させるのだ。

これを何度か繰り返して、残ったシミのような跡は住宅用洗剤で落とす。これで、かなりきれいになるはずだ。

32 カーペットの細かいゴミを取る裏ワザ

たたみの部屋でも、フローリングでも、カーペットを敷いているケースが多い。

このカーペットの欠点が、細かいゴミやほこりが掃除しにくいという点だ。

粘着テープのローラーでコロコロしても、カーペットの奥にこもっているゴミは取ることは難しい。

掃除機でもなかなかゴミが取れないのは、カーペットの静電気のせいであることが多い。そこで静電気を消すことがポイントとなる。

使うのは洗濯用の柔軟剤。これを薄めたぬるま湯にぞうきんを浸け、固く絞ってからカーペットを拭くのだ。そこそこ乾いたら掃除機で吸引する。静電気が消えるとゴミがスイスイ吸引される。

33 洗濯槽の気になる汚れはこうして落とす

洗濯機の洗濯槽は、衣料を洗っているのだから、きっと清潔なのだろうと思っていたら、実は見えないところがかなり汚れている。場合によってはカビが発生していることもある、と最近はテレビCMなどで知られるようになった。

カビのせいで洗濯物に原因不明の黒いシミがつくようになったら、かなりの重症だ。

洗濯槽専用の洗剤もあるが、身近なもので汚れを落とすワザがある。

洗濯機いっぱいに水を入れて、酢をカップ1杯（容量50〜60リットルの場合）加え、3分間くらい回すのだ。酢で洗ったら、スポンジなどで拭いて「すすぎ」を行えば、洗濯槽の裏側の汚れもきれいになるはずだ。

34 ロングブーツのシワを取る裏ワザ

革製のロングブーツは、シワができやすい。靴箱の上下幅が狭いと、折り曲げた状態で収納しておくほかないので、それでシワができることもある。

大事なロングブーツにできてしまったシワを取る裏ワザがある。

一足のブーツに使うのは日本酒の一升ビン2本。一升ビンを洗って熱湯を入れて蓋をする。この時、あまり熱いお湯を急に入れるとビンが割れてしまうことがあるので、少しずつ様子を見ながら入れること。

そして、ブーツを逆さまにして熱い一升ビンにかぶせるのだ。

お湯の熱でブーツのシワが伸びる。シワが伸びたところでブーツをはずして、ブーツのサイズに合わせて丸めた雑誌や新聞紙を中に入れる。

これでブーツのシワが伸びて形が保たれ、中の湿気も取ることができるので一石二鳥だ。

35 指輪が抜けない時の奥の手

結婚指輪は二人の契りを示すものだから一年中はずすことがない、という人もかなりいる。ただ、長い間にその契りの指輪が抜けなくなってしまった、というケースもままある。

あまりにも指輪が指に食い込むようであれば、できればはずしたいもの。

そんな時のワザがこれだ。まず指輪をしているほうの手を頭より高く上げて鬱血《うっけつ》を取る。指の血液を重力で下げて指をスリムにするのだ。

そして、ボディシャンプーを溶かした洗面器の中で指輪をはずす。少しずつずらしてはずすのだ。

それでも抜けないようであれば、指輪を切断するほかない。

このほか、「マヨネーズをつける」「サラダオイルではずす」など方法はいろいろあるが、それでもダメな場合には、宝飾店に行って指輪の切断を相談することとなる。

36 折れた口紅を復活させる方法

女性にとって口紅が折れるのはショックな出来事。でも大丈夫。折れた口紅を復活させる方法がある。

口紅の折れたところにドライヤーで熱風を当てれば、その部分が溶けてくる。いい感じに溶けたところでくっつけるのだ。常温に戻るまで置いておけば、ほぼ元通りに使えるようになる。

急いで復活させたい時には冷蔵庫に入れて冷やすという方法も。

もう一つの「化粧品ショック」は、ファンデーションなどを落として粉々にしてしまった時。

そんな時はファンデーションに化粧水を少し入れてクリーム状になるまで練って

乾燥させ、固めれば復活する。

37 傘の撥水機能を復活させるテクニック

傘は「撥水処理」が施されることで、雨水をはじくようになっている。ところが使ううちにその撥水機能がだんだん衰えてくるのだ。

そうなると、強い雨だと傘をさしていても雨水が傘の内側に滲《にじ》んできたり、水滴となって降ってきたりする。

そんな場合、傘の布地の表面にドライヤーで温風を当てるといいのだ。

それによって撥水機能が復活して、再び雨水をはじいてくれるようになる。

38 服に付いた防虫剤の臭いの消し方

夏の間、または冬の間、防虫剤と一緒にしまっておいた服は、かなり防虫剤の臭いが染みついていて、自分では気がつかなくても、電車で隣に座った人が「！」っとなることもある。

そんな防虫剤の臭いを消す裏ワザ。

大きめのビニール袋に冷蔵庫用の「脱臭剤」と一緒に服を入れておく。一晩入れておけば、ほぼ大丈夫な状態になる。

時間がある人は引き出しから出して部屋の中に干して臭い抜きをすればいいが、すごく急ぐという場合は、スチームアイロンをかけながら、扇風機で防虫剤の臭いを飛ばす、という方法もある。

39 タバコの灰皿の臭い消しの秘策

禁煙の場所が多くなって喫煙する人の肩身が狭い昨今だが、大切な来客などがタバコを吸うのを禁じるのはちょっと難しい。というわけで、灰皿は用意しておくしかないので、せめて吸い殻の臭いを消す裏ワザを駆使しよう。

一番効果的なのが灰皿に粉末の重曹を入れておく方法。吸い殻の臭い消しになると同時に、吸い殻が灰皿の中でくすぶるのを防いでくれる。

ただ、吸い殻と一緒に重曹もゴミとして捨てることになるのでもったいないという向きには、「出がらし」の再利用を。

緑茶の出がらしをよく乾燥させて容器に入れ、電子レンジで2、3分加熱して灰皿に入れる。

これは茶がらをレンジでチンする時に「レンジの内部の臭い消し」も兼ねてくれるという「優れワザ」だ。お茶に含まれる成分のカテキンが消臭効果を持っているのだ。

ヨーロッパではコーヒーの出がらしを灰皿に入れるという方法もとられる。コーヒーかすの表面の穴に臭いが吸着されるのだ。

40 服のひじが「てかてか」した時の解消法

学生服の上着のひじの部分やズボンのお尻の部分は、テカテカになってしまいやすい。この原因は服の繊維が押さえられて、寝てしまい、光を反射する状態になっているため。

ウールの生地だと、当て布をしないでアイロンをかけると、てきめんにテカテカになってしまう。

裏ワザは、コップ1杯の水＝約200ccにアンモニアを大さじ1杯入れた薄いアンモニア水を霧吹きでテカテカ部分に吹きかけ、当て布をしてアイロンをかけ、ブラッシングして繊維を起こす。

これで、テカテカは解消する。

41 縮んでしまったセーターを伸ばす最後の手

うっかりセーターを洗濯機で雑に洗って縮んでしまった時には、悲しい思いをする。最初は小さくなったのは自分が太ったせいかと思うが、じきにセーターに起こった異変に気がつく。

スチームアイロンの蒸気で伸ばすという方法もあるが、ウール（羊毛）以外のセーターには、この手は効かない。

そこで、だれでもできる裏ワザ。用意するのは水とヘアトリートメント（アモジメチコン、またはジメチコン含有のもの）だけだ。ヘアトリートメントをセーターがたっぷり浸かる水に溶かして30分間入れておくのだ。ヘアトリートメントはだいたい15グラム程度。

30分経ったら、あとは洗濯機で「弱脱水」するだけ。型くずれしないように陰干しすればいい。

この裏ワザならカシミアにも有効だそうだ。ヘアトリートメントの髪の毛をなめらかにする成分が、セーターの毛糸をときほぐしてくれるのだ。

まだ着られるレベルならまだしも、もうリサイクルに回すか捨てるしかないとなったら、試してみる価値はあるだろう。

ただし、この方法は化学繊維には効果がないのであしからず。ウール、カシミア、アンゴラなどの天然素材１００％、または混紡のセーターにのみ有効だ。

もう一つの注意点は、セーターに金具がついているものは、その部分が酸化するなどトラブルが起こりやすいので、この方法は避けたほうがいいようだ。

42 浮き輪の空気を早く抜くコツ

海やプールで泳いだあと、使った浮き輪やゴムボートの空気を抜くのに意外に時間がかかってイラッとした経験はないだろうか。空気を入れる口には空気が抜けないように「弁」がついているので、その弁を開けながらでないと空気が抜けない。

そこで空気を抜く時の裏ワザ。空気入れ口にストローを差し込めばいいのだ。これで難なく簡単に空気が抜ける。浮き輪を押さえつけなくても自然に空気が抜けていくのだ。

ただし、弁をストローで押さえつけすぎたりして弁が壊れると、次に使う時に空気が抜けやすくなったりする恐れがあるので、力の入れ加減にはご注意。

43 掃除機のコードをうまく巻き取る秘技

掃除機での掃除は好きだけど、終わった時にコードを収納するのに絡んだりしてすんなりいかないのが不満、という方にこの裏ワザがお勧め。

コードを巻き取る時に、よく引っかかるのがテーブルの脚や椅子などの家具。とくにコードの先の電源プラグが引っかかりやすい。

そこで、洗い物用のスポンジの端を3センチ角くらいに切り、その真ん中に切れ込みを入れてプラグを差し込む。

このスポンジつきプラグなら、巻き取る時に少々家具の脚にぶつかってもスムーズに巻き取れるし、家具に傷がつく心配がなくなる。ガチャガチャという騒音も防止できて一石三鳥の裏ワザだ。

44 鉢植えの受け皿などから蚊をわかせない法

ベランダや庭先の鉢植えの受け皿に、雨水などがたまってボウフラがわいてしまう。いちいち水を捨てるのも面倒だし、水がないと植物が元気をなくすし、痛しかゆし。このジレンマを解決する裏ワザがある。

受け皿など水がたまるところに10円玉を入れるのだ。こうすると10円玉の銅イオンの働きでボウフラがわきにくくなる。

　この方法でエアコンの室外機の下に水がたまりやすい時なども対処可能。その10円玉がたまたま「落ちている」のではないことは家族には伝えておく必要がある。

45 鉢植えやプランターのアブラムシ撃退術

　鉢植えなどにいつの間にかわんさかたかっているアブラムシ。マンションの比較的高い階のベランダのプランターにも、どこからかやってくるから始末に負えない。

　殺虫剤をあまりかけすぎると、植物が弱ってしまうので避けたい時の裏ワザがこれ。

　スプレーボトルに牛乳を少しだけ入れ、石けん水を加えてよく振って混ぜ、手製のアブラムシ撃退スプレーを作るのだ。

　石けん水は水100㎖に液体石けん1グラム程度、牛乳は飲み終わった牛乳パックに少量の水を入れてすすいだ程度の量（牛乳5cc弱）でOKだ。たかったアブラムシにスプレーして撃退しても、植物にはダメージがほとんどない。

ただし、乾くまで牛乳の臭いが少しする。気になる時は、アブラムシ撃退後に水をかけて洗えばいい。

カナダでは植物油と石けん水を「1：50」くらいの割合で混ぜて作り、スプレーするという。石けんは数滴程度だそうだ。

46 ペットが持ち込んだノミを一括退治する裏ワザ

ペットがいつの間にかノミをお散歩先からしょって帰ってきて、気がついたら家の中でピョンピョンと大繁殖している、ということが愛犬家、愛猫家の家庭ではしばしば起こる。

ドイツでも、ペットが招かれざるノミを連れて帰ることがよくあるようで、次のような撃退裏ワザがある。

夜中にノミが多い部屋の床の上に浅めの容器に水を張って、食器用洗剤を数滴加える。そして容器の真ん中に倒れないように注意してロウソクや小さな電球などを点《つ》けると、容器にノミが飛び込んできて溺れ死ぬ。

洗剤を入れることで水の表面張力が弱まって、ノミが水に浮かびにくくなるのだ。これを、ノミの運動会が収まるまで根気よく行う。

47 庭を荒らすモグラ撃退の必殺ワザ

モグラの被害を経験した人はあまりいないかもしれないが、戸建てで庭に野菜などを植えた経験のある人にとっては、けっこうシリアスな問題だ。

野菜栽培でなくても、芝生にモグラの穴が作られるという被害も、実はかなり深刻。

その対策としてドイツの裏ワザ。これはいたって簡単だ。モグラの住みかと思われる場所の近くに木の棒を数本立てる。そして、そのそばを通るたびに立てた棒を叩く。すると地面を通して音が伝わり、モグラは「ここでは落ち着いて安住できない」と判断して退散するというのだ。

また、モグラの住みかや通り道を割り出して、約1メートルの間隔で地面に空き瓶を、瓶の口を上にして埋めるという方法もある。

空き瓶の上を風が通過するたびに、ブンブンという音が地面の下に伝わって、モグラを追い払うことができるという。

おもな参考文献・資料

『理科年表』国立天文台／丸善
『広辞苑』新村出編／岩波書店
『ドイツ流 家事の裏ワザ便利帳』クリストフ・ドイムリンク他著・権平桂子訳／ＰＨＰ研究所
『外国のおばあさんの引出し』佐橋慶女著／文春文庫
『使える裏ワザ教えちゃいます』河元智行著／三栄書房
『暮らしのコツと裏ワザ』主婦の友編
『伊東家の食卓　№１裏ワザ７３７　一生モノの知恵袋』日本テレビ編／日本テレビ放送網
『伊東家の食卓　使える！裏ワザ大全集　２００６年度版』日本テレビ編／日本テレビ放送網
『新　世界のおばあちゃんの知恵袋』イーメディア編／三修社
『裏ワザ名人のちゃっかり！節約生活』和田由貴著／青春出版社
『裏ワザ大事典』知的生活追跡班／青春出版社
『裏ワザ大事典（２）』知的生活追跡班／青春出版社
『［お金］の裏ワザ大事典』㊙情報取材班／青春出版社
『タケダ健康サイト～健康ライフ大百科』http://takeda-kenko.jp/kenkolife/
ほか

青春文庫

すぐに試《ため》したくなる
世界《せかい》の裏《うら》ワザ200
集《あつ》めました!

2018年 1 月20日 第 1 刷

編　者　知的生活追跡班《ちてきせいかつついせきはん》

発 行 者　小 澤 源 太 郎

責任編集　株式会社プライム涌光

発 行 所　株式会社 青 春 出 版 社

〒162-0056　東京都新宿区若松町 12-1
電話 03-3203-2850（編集部）
03-3207-1916（営業部）
振替番号　00190-7-98602

印刷／中央精版印刷
製本／フォーネット社

ISBN 978-4-413-09688-1

自分の中に毒を持て〈新装版〉

あなたは〝常識人間〟を捨てられるか

岡本太郎

いつも興奮と
喜びに満ちた自分になる。
口絵が付き、文字も大きくなりました。

（SE-684）

史記と三国志

天下をめぐる覇権の興亡が一気に読める！

おもしろ中国史学会［編］

その時、本当は何が起きていたのか。
始皇帝、項羽、劉邦、諸葛孔明…
運命をかけたドラマ、その全真相。

（SE-685）

笑顔の魔法

あなたに奇跡を起こす

のさかれいこ

毎日の人間関係、仕事、恋愛、家族……
気がつくと、嬉しい変化が始まっています。
全国から喜びの声が寄せられる〝魔法の習慣〟

（SE-686）

「折れない心」をつくるたった1つの習慣

植西　聰

負のスパイラルから抜け出せる考え方とは。
67万部のベストセラーに大幅加筆した
待望の文庫判！

（SE-687）

すぐに試したくなる

世界の裏ワザ200集めました!

知的生活追跡班[編]